TAYLOR SWIFT
IS LIFE

Alles, was wir an Taylor lieben.
Das Super-Fan-Buch

KATHLEEN PERRICONE

MIT ILLUSTRATIONEN VON ADRIAN VALENCIA

INHALT

EINFÜHRUNG

Liebe Leserin, lieber Leser,

Taylor Swift zu kennen heißt, sie zu lieben – und zwar mit der Art von Liebe, die sich durch Schreien, Weinen, Tanzen in perfekten Stürmen, die Farbe Rot, Fluchtautos, süße Nichtigkeiten und bedingungslose Unterstützung des Antihelden äußert.

Seit ihrem Debüt 2006 hat die Sängerin und Songwriterin mit ihren eingängigen Melodien und tagebuchähnlichen Songtexten ein Millionenpublikum weltweit erobert. Vor allem aber verfügt Taylor Swift über eine fast schon unheimliche Fähigkeit, eine Beziehung zu ihren Fans aufzubauen, wie es vor ihr noch kein anderer Musikkünstler getan hat (und vermutlich nie wieder wird). Diese Verbindung ermutigt Menschen, „furchtlos zu sein", „jetzt ihre Meinung zu sagen", „von vorn anzufangen", „alles abzuschütteln" und sich „nur zu gut an alles zu erinnern". Anscheinend haben sich viele den Rat „Never Grow Up"

(Werde niemals erwachsen) zu Herzen genommen: Laut einer Umfrage von 2023 bezeichnen sich mehr als die Hälfte aller erwachsenen US-Amerikaner als „Swifties". Davon sind 23 Prozent Babyboomer – also die Generation, die zwischen 1946 und 1964 geboren wurde. Eine 1989 geborene Millennial überbrückt nicht nur die Kluft zwischen den Generationen, sondern gibt dabei auch noch allen das Gefühl, ewig 22 zu sein.

Taylors Einfluss reicht weit über die Musikcharts hinaus: Sie verpasst im Alleingang Schlangen, Katzenhalterinnen und schlaflosen Nächten ein neues Image, rettet Polaroid vor dem nahezu sicheren Bankrott und verwandelt einen urigen Häuserblock in New York City in einen Hotspot der Popkultur. Im Herbst 2023 besucht sie ein Spiel der Kansas City Chiefs und treibt die Einschaltquoten der NFL auf Super-Bowl-Niveau, bevor sie das Jahr mit der Höchstnote beendet: Der Konzertfilm *Taylor Swift: The Eras Tour* spielt an den Kinokassen weltweit 262 Millionen US-Dollar ein.

Mit ihrer unendlichen Kreativität ist Taylor eine vielseitige Künstlerin

Selbst ein kreatives Genie wie Taylor Swift hätte nicht ahnen können, welch historische Wirkung sie als Singer-Songwriterin und Phänomen der Popkultur entfalten würde. Sie ist eine der meistverkauften Musikkünstlerinnen aller Zeiten (200 Millionen Alben, Tendenz steigend), die am häufigsten auf Spotify gestreamte Frau, hat als erster Mensch viermal den Grammy in der Kategorie „Album of the Year" gewonnen (*Fearless, 1989, folklore, Midnights*) und verbucht mehr Nummer-eins-Platzierungen in den *Billboard*-Charts als jede andere Künstlerin. Wenn sie gerade keine Rekorde bricht, stellt sie neue auf, die wir nicht für möglich gehalten hätten – wie im November 2022, als das Album *Midnights* in der ersten Woche nach Veröffentlichung jeden Platz in den Top 10 der *Billboard*-Charts belegt. Sie ist ein Ausnahmetalent ihrer Generation, das den Weg für andere Popstars ebnet und gleichzeitig Wert darauf legt, sie auf ihrem Weg zu unterstützen.

Mit ihrer unendlichen Kreativität ist Taylor eine vielseitige Künstlerin: Sie komponiert Hunderte von Songs, führt bei 13 ihrer Musikvideos Regie, wirkt in fünf Hollywood-Produktionen mit und schreibt demnächst das Drehbuch ihres

ersten Kinofilms für Searchlight Pictures, bei dem sie auch Regie führen wird. Kein Wunder also, dass die New York University ihr die Ehrendoktorwürde der schönen Künste verleiht – vielleicht nicht die Art von Doktor, die man aufsuchen würde, „außer wenn der konkrete Notfall darin besteht, dass man dringend einen Song mit einer eingängigen Hookline und einer intensiv kathartischen Bridge hören muss", scherzt Taylor Swift in ihrer Antrittsrede.

Ihre Lebensgeschichte ist einzigartig und im Rückblick deuten viele Easter Eggs darauf hin, was kommen würde, alles zusammengehalten von „unsichtbaren Fäden". Schließlich hat sie uns in *Mastermind* mitgeteilt, dass sie die Fäden in der Hand hält.

TEIL I

The Making of a Mastermind

Ein Genie erfindet sich selbst

KLEINES MÄDCHEN,
GROSSE TRÄUME

Seit dem Moment da Taylor Alison Swift sprechen kann, singt sie. Und lange bevor sie lesen kann, sind ihrer außergewöhnlichen Fantasie bereits unzählige Gute-Nacht-Geschichten und Märchen entsprungen. Das kleine Mädchen, das in Wyomissing im Bundesstaat Pennsylvania aufwächst und Katzen und Disney-Musicals liebt, ist von Dr. Seuss und Shel Silverstein fasziniert, deren poetische Bücher ihr vor allem das Reimen näherbringen. Jahre später wird Taylor 2012 in dem Animationsfilm *Der Lorax* der Angebeteten eines Baumflüsterers (gesprochen von Zac Efron) ihre Stimme leihen.

„Es war so aufregend, das Angebot für diesen Film zu bekommen, weil Dr. Seuss zu den Dichtern und Schriftstellern gehört, die mir in gewisser Weise geholfen haben, das auszubilden, was ich als Songwriterin mache", verrät sie in *The Today Show*. „Es war einer der prägendsten Einflüsse in meinem Leben, als ich als Kind die Bücher von Dr. Seuss entdeckte."

Das Schreiben ist für Taylor von jeher ein kreatives Ventil, besonders da sie in der Schule damit kämpft, dazuzugehören. Eine Clique von Mädchen, die ihre Freundinnen sind, „sprach von einem Tag auf den anderen einfach nicht mehr mit mir".

Sie drückt schon damals erfolgreich ihre Emotionen in ihrer Kunst aus: In der 4. Klasse schreibt sie ein dreiseitiges Gedicht mit dem Titel „Monster in My Closet" und gewinnt damit einen nationalen Wettbewerb. Zu dieser Zeit beginnt sie auch ihr anderes angeborenes Talent zu perfektionieren: das Singen. Taylors Großmutter Marjorie Finlay war Opernsängerin, die in Singapur und Puerto Rico auftrat. Sie ist auch eine der ersten Inspirationen ihrer Enkelin. Eine andere ist LeAnn Rimes, die Taylor mit sechs Jahren für sich entdeckt. Sie ist von der Musik und Erzählweise verzaubert und sagt dem *Rolling Stone* 2009: „Von da an wollte ich nur noch Country hören. Ich liebte die fantastischen Country-Künstlerinnen der 90er-Jahre – Faith [Hill], Shania [Twain], die Dixie Chicks [heute The Chicks] – sie alle haben einen unglaublichen Sound und stehen für unglaubliche Dinge." Und mit allen sollte sie später als Erwachsene auf der Bühne stehen.

Um ihren Idolen nachzueifern, schließt sich Taylor einer örtlichen Kindertheatergruppe an und landet Hauptrollen in den Musicals *Grease* und *Bye Bye Birdie*. Aber ihr ganz großer Auftritt kommt auf den Partys der Ensembles. In der Ecke steht „die ihr liebste Sache der Welt" – eine Karaoke-Anlage. Taylor springt ans Mikrofon und bietet den Anwesenden Coverversionen ihrer Lieblings-Countrysongs dar. Bald schon sucht sie eine größere Bühne – und die Elfjährige findet sie im Telefonbuch, als sie nach Karaoke-Wettbewerben sucht: das Pat Garrett Roadhouse in Strausstown. Anderthalb Jahre lang fahren Taylors Eltern sie jede Woche die 20 Meilen zu der verrauchten Bar, wo sie so lange gegen Erwachsene antritt, bis sie schließlich mit ihrer Coverversion von Rimes' Song *Big Deal* siegt. Ihr Gewinn ist ein Auftritt im Vorprogramm von Charlie Daniels im Amphitheater gegenüber, wenn auch zehn Stunden bevor die Country-Legende um 20 Uhr die Bühne betritt.

Im Jahr darauf bietet sich ihre bis dato größte Chance: Sie darf bei einem Basketballspiel der Philadelphia 76ers vor 20.754 Menschen die Nationalhymne singen. Doch als ihr Vater Scott am 1. April 2002 mit der großen Neuigkeit anruft,

ALLE IHRE HELDEN

Schon als Kind hat Taylor einen sehr vielseitigen Musikgeschmack. Sie hört nicht nur die Country-Superstars Shania Twain, Faith Hill, Tim McGraw, Keith Urban und The Chicks, sondern mag auch die Lieblingsmusiker ihrer Eltern, wie Stevie Nicks, Paul McCartney, Carole King und James Taylor – dem sie ihren Vornamen verdankt.

Es ist unglaublich, dass Taylor als Künstlerin mit all ihren musikalischen Helden auf der Bühne steht, angefangen beim Vorprogramm für Hill und McGraw auf deren *Soul2Soul*-Tour 2007. Sie nimmt Songs mit The Chicks (*Soon You'll Get Better*) und Urban (*That's When*) auf, ist mit McCartney auf dem Cover des *Rolling Stone* zu sehen und hält die Laudatio bei Kings Aufnahme in die Rock and Roll Hall of Fame: „Carole King hat Künstlern wie mir beigebracht, dass das Erzählen der eigenen Geschichte die Arbeit und den Kampf wert ist, die nötig sind, um sich die Chance zu verdienen, gehört zu werden", sagt Taylor. „Diese musikalische Verbindung kann Generationen überspannen."

geht ihr kleiner Bruder Austin ans Telefon. Als Austin ihr die Neuigkeit ausrichtet, hält Taylor es für einen Aprilscherz. Vier Tage später sind die Swifts im First Union Center, wo die Zwölfjährige ihre eigene Garderobe und eine Sicherheitseskorte hat, die sie über den roten Teppich zum NBA-Spielfeld geleitet. „Bitte begrüßen Sie Taylor Swift", ruft der Stadionsprecher, als ein blondes Mädchen in einem Shirt mit dem Aufdruck der amerikanischen Flagge, roter Strickjacke und passendem Stirnband die Bühne betritt.

„Sie hat diese fantastische Stimme, die jedem sofort ins Ohr geht", sagt Kathy Drysdale zwei Wochen später dem *Reading Eagle*. Sie ist für den Spielbetrieb zuständig und hat Taylor ausgewählt, nachdem Taylors Vater eine Probeaufnahme geschickt hatte. „Mit ihren zwölf Jahren ist ihre Stimme schon so stark und kraftvoll. Man sieht sie und denkt: ‚Kam das gerade aus ihrem Mund?'"

Trotz ihrer hochkarätigen Auftritte kann Taylor immer noch nicht die Gitarre spielen, die sie ein paar Jahre zuvor zu Weihnachten bekommen hat und jetzt in einer Ecke ihres Schlafzimmers verstaubt. Dann kommt „die magische Schicksalswende", wie sie 2009 auf einer Promo-DVD für *Fearless* erzählt. Der Computertechniker Ronnie Cremer ist bei den Swifts zu Hause, um ihren Laptop zu reparieren, als ihm die Gitarre auffällt. Taylor sagt, dass es ihre Gitarre sei, sie aber nicht spielen könne. „Soll ich dir ein paar Akkorde beibringen?", fragt Cremer, der als Musiker lokales Ansehen genießt. Sie nimmt das Angebot gern an – und der Rest ist Geschichte. Am selben Abend noch schreibt sie mit den drei neu gelernten Akkorden (G, D und C) *Lucky You* über „ein kleines Mädchen in dieser Kleinstadt", das nicht dazugehört, weil es anders als die anderen ist. Klingt irgendwie bekannt? „Am nächsten Tag schrieb ich den zweiten Song, am Tag darauf den dritten", sagt Taylor 2009 dem *Australian*. „Ich konnte die Gitarre gar nicht mehr weglegen."

Von da an kommt Cremer jede Woche dienstags und donnerstags und gibt Taylor von 17 bis 20 Uhr für 32 US-Dollar die Stunde Gitarrenunterricht. „Ich dachte ehrlich, dass sie eine ziemlich gute Schülerin ist", berichtet er der *New York Daily News* 2015. Nach einigen Monaten geht der Gitarrenunterricht zum Songwriting über, wobei das Computerprogramm Ableton Live beim Komponieren hilft. „Ich sagte: ,Hier hast du deinen Refrain und hier ist deine Strophe. Schiebe sie hin und her, experimentiere damit und hör dir an, was dabei herauskommt …' Es machte bei ihr einfach klick und sie hatte verstanden, wie es geht."

Taylor mangelt es wohl nicht an Inspiration. Die anderen Kinder in der Schule ziehen sie ständig auf, angefangen bei ihrem „krausen" Haar bis zum Pflaster an ihren Fingern, das die Blasen verdecken soll, die ihr das stundenlange Gitarre-Üben einbringt. Selbst ihre Clique lässt sie links liegen, vor allem in den Mittagspausen, in denen sie allein isst. Das Songschreiben wird für sie zum Bewältigungsmechanismus, und das Mädchen an der Schwelle zur Teenagerin verbringt jede freie Minute damit, ihren Schmerz mit den wenigen Akkorden, die sie beherrscht, in Songtexten zu verarbeiten.

NASHVILLE ODER NICHTS

Nach der Ausstrahlung einer Dokumentation über Country-Superstar Faith Hill „hatte ich mir natürlich in den Kopf gesetzt, dass es da diesen magischen Ort namens Nashville gibt, wo Träume in Erfüllung gehen und ich unbedingt sein muss", erinnert sich Taylor 2011 im Gespräch mit der Londoner Tageszeitung *The Telegraph*. 2001 fahren Andrea Swift und ihre zielstrebige Tochter 700 Meilen gen Süden in die „Music City", wo Taylor ihre Frühjahrsferien damit verbringt, ihre Demobänder mit Karaoke-Nummern an Plattenfirmen zu verteilen, während ihre Mutter und ihr Bruder im Auto warten. „Ich sagte: ‚Hallo, ich heiße Taylor und bin elf Jahre alt. Und ich möchte einen Plattenvertrag. Rufen Sie mich an'", berichtet sie 2009 in der Zeitschrift *Entertainment Weekly*.

Niemand beißt an, aber als Taylor zwei Jahre später erneut nach Nashville kommt, diesmal mit einer CD ihrer eigenen Songs im Gepäck, wird die talentierte Dreizehnjährige von mehreren Labels umgarnt. Sie entscheidet sich für RCA und unterschreibt einen einjährigen Aufbauvertrag, der ihre Eltern letztlich überzeugt, 2004 kurz nach Taylors 14. Geburtstag von Pennsylvania nach Tennessee umzuziehen. Ihr Vater Scott, ein

Börsenmakler, wechselt in die Niederlassung von Merrill Lynch in Nashville und die Familie zieht in den Vorort Hendersonville. Es besteht aber kein Druck, „es zu schaffen", betont ihre Mutter Andrea. „Es gab immer den Plan B, in ein ganz normales Leben zurückzukehren, wäre sie zu dem Schluss gekommen, den Weg nicht weiterzuerzugehen. Aber das war natürlich so, als würde man ihr sagen: ‚Wenn du aufhören möchtest, zu atmen, ist das in Ordnung.'"

Taylor, die ab Herbst die 9. Klasse besuchen wird, verbringt den Sommer bei Songwriting-Sessions mit erfahrenen Profis wie Brett Beavers, die Hits für Tim McGraw und Martina McBride geschrieben haben. Aber sie ist alles andere als eine Amateurin: Zum ersten Treffen kommt Taylor mit 15 Tracks, die sie bearbeiten und verbessern möchte. „Ich wusste, dass die Leute die stereotype Vorstellung haben, dass ich nicht hart arbeite, wenn sie ‚14-Jährige' hören", sagt sie der *New York Times*. „Ich möchte, dass die Leute wissen, dass es mir ernst und wichtig ist." Und siehe da, bis Juli hat sie schon 84 Songs geschrieben. Aber es stellt sich heraus, dass sie nach Ansicht von RCA „die Songs von anderen aufnehmen sollte. Da habe ich mich aber nicht gesehen", erklärt sie 2007 *Entertainment Weekly*. „Ich wollte mich irgendwie von den anderen abheben. Und ich wusste, dass ich dazu meine eigenen Songs schreiben musste." Taylor hat auch Bedenken, bei einem großen Label wie RCA nur eine unter vielen zu sein, und so trennt man sich. „Ich wollte eine Plattenfirma, die mich braucht, die absolut auf meinen Erfolg setzt. Ich liebe diesen Druck."

Wie das Leben so spielt, soll sie genau das bekommen, was sie sucht – nur nicht sofort. Als sie bei einem Showcase-Konzert im berühmten Bluebird Café in Nashville auftritt, sitzt im Publikum des winzigen Clubs Scott Borchetta, der bei der Universal Music Group in einer leitenden Funktion ist und „aufmerksamer als irgendjemand sonst im Raum zuhörte", erinnert sich Taylor. Einige Wochen später ruft er sie an, hat aber ein ausgewachsenes Dilemma: „Die gute Nachricht ist, dass ich dir einen Plattenvertrag anbieten möchte. Die schlechte Nachricht ist, dass ich nicht mehr bei Universal Records bin", erzählt sie *Entertainment Weekly*. Borchetta ist aber dabei, ein unabhängiges Plattenlabel unter dem Namen Big Machine Records aufzubauen, und bittet Taylor, vorher keinen Vertrag mit einer anderen Plattenfirma zu unterschreiben. Es ist eine riskante Entscheidung, aber „ich habe einfach auf mein Bauchgefühl gehört, das mir zuraunte: ‚Sag ja!'", berichtet Taylor 2009 Hoda Kotb vom Sender NBC.

Während sie auf die Gründung von Big Machine wartet, unterzeichnet die Songwriterin einen Veröffentlichungsvertrag mit Sony/ATV Nashville und schreibt damit Geschichte als jüngste Künstlerin, die das Label bis dato unter Vertrag hat. „Sie war ein Star", erklärt Manager Arturo Buenahora. „Sie erfüllte den Raum mit Licht." Aber sie ist noch Teenagerin, was dazu führt, dass die Neuntklässlerin der Henderson High School eine Art Doppelleben führt. Abends arbeitet sie als Teil ihres Vertrags mit Sony mit professionellen Songwritern im Stadtzentrum, „als wäre ich 45". „Sie hatte eine glasklare Vision, was sie sagen wollte", lobt Liz Rose, die auf mehreren ihrer ersten Alben mit Taylor zusammen- arbeitet. „Sie kam mit einigen unglaublichen Hooklines um die Ecke." Dennoch sind ihrer Kreativität auch tagsüber keine Grenzen gesetzt, was Taylor veranlasst, Textzeilen in ihr Matheheft zu kritzeln. Dann bittet sie darum, zur Toilette gehen zu dürfen, wo sie die Melodie mit ihrem iPhone aufnimmt, bevor sie ihr wieder entgleitet.

Als sie 2005 schließlich einen Vertrag mit der neu gegründeten Platten- firma Big Machine abschließt, hat sie mehr als genug Material für ihr Debütalbum *Taylor Swift*, das sie in nur vier Monaten aufnimmt. „Ich hatte das große Glück, alle herauszubringen, von Trisha Yearwood über viele andere große Namen bis ganz nach oben zu Sugarland", erklärt Borchetta gegenüber *Billboard*. „Und das hier fühlt sich so groß an wie jeder dieser Namen."

COUNTRY-CROSSOVER

Die Auswahl des Songs, der Taylor Swift bei Millionen von Country-Fans bekannt machen soll, liegt für Borchetta auf der Hand: *Tim McGraw*, den sie als Neuntklässlerin geschrieben hat. In dem Lied geht es um ihren Freund aus der Oberstufe, der wegzieht, um aufs College zu gehen. Sie besingt darin ihre Hoffnung, dass er sich an die schönen Zeiten erinnern wird, wie den Abend, als sie zu ihrem Lieblingslied von McGraw getanzt haben, *Can't Tell Me Nothin'*. Als sie Borchetta den Song zum ersten Mal vorspielt, ist die Sache für ihn klar. Er antwortet: „Das wird deine erste Single."

Anders als der Name vermuten lässt, ist Big Machine in den Anfangstagen ein kleiner Laden. Als *Tim McGraw* am 19. Juni 2006 herauskommt, hat das Label zehn Mitarbeiter. Deshalb helfen Taylor und Andrea dem Team, CDs in Umschläge zu stecken, um sie an die Radiosender zu schicken. „Dabei saßen wir auf dem Boden, weil es im Label noch keine Möbel gab", erinnert sie sich im Gespräch mit *Entertainment Weekly*. Die Promotion für Taylors Debütalbum kann man tatsächlich eher als basisdemokratische Aktion unter Leitung der Teen-ager-Sängerin und ihrer Mutter, einer ehemaligen Marketingleiterin, bezeichnen. Ihre größte Strategie ist MySpace, das Taylor persönlich nutzt, um ihre Fans zu erreichen und Feedback einzuholen, welche Single sie als nächstes herausbringen soll. Die Social-Media-Plattform – auf der Taylors Musik im ersten Jahr nach Veröffentlichung ihrer ersten Single 14 Millionen Streams erreicht – „bot uns die Möglichkeit, Taylors Geschichte zu erzählen", ergänzt ihr damaliger Manager Rick Barker. „Und es ist wirklich ihr persönlicher Raum. Sie hat ihre Biografie geschrieben, sie verfasst ihre eigenen Blogs. Und wenn jemand eine Rückmeldung zu einem Kommentar bekommt, dann von Taylor selbst. Oft merkt man, dass jemand eingestellt wurde, der am Computer sitzt. Taylors Space ist wirklich *ihr* Raum – das ist unser Geheimnis."

Die Nutzung sozialer Medien macht Taylor bei einem jüngeren Publikum als der durchschnittlichen Countrymusik-Zielgruppe bekannt, die aus Frauen ab 35 Jahren besteht. Die Teenagerin hofft, dass ihre Musik verfängt, nicht ihr Alter. Der Erfolg der Single *Tim McGraw*, die die Top 10 der *Billboard* Hot Country Songs Charts knackt, gibt ihr recht – und lässt ihr Händchen erahnen, Texte zu schreiben, mit denen sich die Zuhörer identifizieren können. „Ich denke, der Grund, warum *Tim McGraw* funktioniert, ist, dass der Song in Erinnerungen schwelgt und ich an eine frühere Beziehung gedacht habe, die dann zu Ende war", erklärt sie *Entertainment Weekly*. „Ich glaube, eines der stärksten menschlichen Gefühle gilt dem, was war und was nicht war. Das kann wahrscheinlich jeder nachempfinden. Es war wirklich ein guter erster Song für den Einstieg, weil sich einfach viele Menschen damit identifizieren können, sich etwas zu wünschen, das man nicht haben kann."

Taylor geht Klinken putzen, um ihr Debütalbum zu promoten. Sie ist den Großteil des Jahres 2006 unterwegs, was die 16-Jährige zwingt, ihr erstes Jahr an der Highschool als Hausunterricht zu absolvieren. „Bei den meisten Künstlern dauern Radiotourneen sechs Wochen", sagt sie CMT. „Meine dauerte sechs Monate. Ich wollte es so haben. Ich wollte jeden einzelnen der Menschen treffen, die mich unterstützt haben." Nachdem sie das Jahr im Vorprogramm von Rascal Flatts beendet, verbringt Taylor 2007 damit, mit George Strait, Brad Paisley und ihren Kindheitsidolen Tim McGraw und Faith Hill auf deren gemeinsamer *Soul2Soul II*-Tour kreuz und quer durch die USA zu touren – und bei jedem Konzert mehr Fans zu sammeln. „Ich bin immer noch in der ‚Echt jetzt, passiert das gerade wirklich?'-Phase", sagt sie damals. „Nach all diesen Konzerten, bei denen ich auftrete, stehen Menschen Schlange, damit ich etwas signiere. Ich kann es immer noch nicht fassen, dass es für jemanden Bedeutung haben könnte, wenn ich ein Stück Papier signiere."

Als sich nach einem Jahr der Zyklus des Debütalbums *Taylor Swift* allmählich seinem Ende nähert, ist die Anzahl der Fantermine mit Taylor exponentiell gestiegen und Sessions vor und nach den Konzerten sind gefragt. Die Meet & Greet-Termine dauern oft über zwei Stunden, bis auch der letzte Fan Gelegenheit hatte, seine Lieblingssängerin persönlich zu treffen. Selbst an ihren freien Tagen akzeptiert sie Autogramm- und Fotobitten – immer mit einem echten Lächeln. „Sie kann inzwischen nicht einmal mehr in ein Geschäft gehen, ohne dass sie angesprochen wird, was sie liebt", verrät Andrea 2008 *Entertainment Weekly*. „Sie ist glücklich, wenn sie irgendwohin geht und Menschen zu ihr kommen und sagen: ‚Ich mag Ihre Musik. Darf ich ein Foto machen?' Sie schnappt sich immer die Kamera, sagt: ‚Kommen Sie hierher'. Dann macht sie den MySpace-Schnappschuss, hält die Kamera und posiert mit den Fans. Sie mag die Aufmerksamkeit. Ich glaube, da unterscheidet sie sich von manch anderen, die an diesen Punkt kommen und merken, dass es ihnen nicht gefällt, wenn ihre Privatsphäre darunter leidet – für sie ist das kein Problem."

TAYLORMANIA

Ist der durchschlagende Erfolg von *Taylor Swift* nur ein Zufallstreffer? „Ich habe die Befürchtung, dass sie die ganze Welt erobern wird, bevor sie 19 ist", verrät Borchetta. „Sie wird auf dem Gipfel stehen und sagen: ‚War es das schon?'" Aber seine Klientin ist keine typische Musikkünstlerin. Als sie ins Studio geht, um ihr zweites Album *Fearless* aufzunehmen, hat Taylor schon 75 Songs geschrieben. Die erste Single aus dem Album ist *Love Story* und steht als erster Countrysong in der Geschichte an der Spitze der *Billboard* Mainstream Top 40 Charts. Bei der Grammy-Verleihung 2010 wird die 20-Jährige in vier Hauptkategorien ausgezeichnet, darunter „Album of the Year", als bis dato jüngste Preisträgerin.

Mit *Fearless* verdient sich Taylor auch den Respekt der Musikjournalisten, die sich einig sind, dass sie den Wechsel in das Popmusikgenre erfolgreich gemeistert hat – nach nur einem Country-Album. Mit ihrem Debüt im Mainstream-Segment erreicht die Songwriterin ein ganz neues Publikum, das sich sofort von ihren (eingängigen) Texten, mit denen sich jeder identifizieren kann, angesprochen fühlt. „Damit *Fearless* sich noch mehr anfühlt, als wäre es gerade aus dem Tagebuch eines

Vorstadtmädchens gerissen worden, müsste der Covertext mit handgemalten Regenbögen und Einhörnern verziert sein", diagnostiziert Jody Rosen vom *Rolling Stone*, der in einem Artikel über „den besonderen Charme der Taylor Swift" sinniert. Die Tageszeitung *Los Angeles Times* beschreibt die wahnsinnig beliebte Sängerin als den „Teen-Star, mit dem die meisten anderen Mädchen abhängen und den die meisten Jungs zum Abschlussball einladen möchten".

Während die Taylormania das Land – und die Welt – erfasst, kündigt sie die erste Tour mit ihr als Hauptact und 118 Shows in ganz Nordamerika, Europa, Asien und Australien an. Alle 52 Termine des ersten Tourabschnitts sind innerhalb von Minuten ausverkauft, wobei die Tickets für ihr Konzert im berühmten New Yorker Madison Square Garden in weniger als 60 Sekunden weg sind.

Es dauert ein weiteres Jahr, bis Taylor von der Tour zurück ist, aber sie hat nicht die Absicht, die Füße hochzulegen. Sie geht sofort wieder ins Studio, um ihr drittes Album aufzunehmen, während ihre Beliebtheit atmosphärische Höhen erreicht. Obwohl jede ihrer Bewegungen in den Boulevardblättern und sozialen Netzwerken dokumentiert wird, kennt niemand die ganze Geschichte. „Glücklicherweise habe ich in den letzten zwei Jahren viele Dinge erlebt und kann es gar nicht abwarten, darüber zu schreiben", sagt Taylor gegenüber *Songwriter Universe*.

Auf *Speak Now* macht sie genau das: Erstmals stammen alle 14 Songs aus Taylors Feder. Es sind freimütige Gespräche zwischen ihr und ihren Zuhörern über Herzschmerz, unerwiderte Liebe, das Erwachsensein und Feinde (*Innocent* entsteht als Reaktion auf Kanye West, der bei den MTV Video Music Awards 2009 ihre Dankesrede für den Preis in der Kategorie „Best Female Video" unterbricht, um der Welt mitzuteilen, dass Beyoncé hätte gewinnen sollen). Die Fans sind ganz Ohr, während mit Ausnahme von dreien alle weiteren Tracks auf dem Album in der Debütwoche im Oktober 2010 in die *Billboard* Hot 100 Charts einsteigen und Taylor als erste Künstlerin gleichzeitig elf Songs in den Charts hat. *Speak Now* verkauft sich anschließend sechs Millionen Mal. Das ist zwar weniger als bei

Fearless, aber nichtsdestotrotz beeindruckend, wenn man das damalige Klima in der Musikbranche bedenkt. Das Musik-Streaming verbreitet sich zunehmend und die Verkaufszahlen physischer Tonträger sind um 50 Prozent eingebrochen. Ab dem Jahr werden die offiziellen Verkaufszahlen in Albumäquivalenten gemessen: 1.500 bezahlte Song-Streams oder zehn Album-Downloads entsprechen einem verkauften Album.

Zu der Zeit scheint Taylors Liebesleben mindestens so viel Interesse zu wecken wie ihre Musik. Die Paparazzi folgen ihr auf Schritt und Tritt, ihre Schnappschüsse prangen auf Titelseiten von Boulevardblättern mit reißerischen Überschriften, die das ganze Spektrum von „Baby & Hochzeit" bis zu „Warum sie keine Liebe findet" abdecken. Bei ihrem vierten Album *Red* übernimmt Taylor im Kielwasser der viel berichteten Trennung von Jake Gyllenhaal 2012 mit ihrem „einzigen echten Trennungsalbum" die Kontrolle über das Narrativ. Damit gewinnt sie musikalisch einmal mehr den Jackpot, denn es wird ihr drittes Album in Folge, das auf Platz 1 einsteigt und dabei in der ersten Woche Verkaufsrekorde bricht (1,2 Millionen) und sie zur ersten Künstlerin macht, die sieben Wochen an der Spitze der *Billboard* Charts 200 steht.

Bis dahin ist Taylors Entwicklung als Künstlerin schon so einzigartig, dass eine Erweiterung ihres Genres unvermeidbar scheint. Rob Sheffield vom *Rolling Stone* schreibt 2021 nach der Veröffentlichung von *Red (Taylor's Version)* rückblickend über das Album, dass Taylor sich damit nicht nur als „die herausragendste Songwriterin ihrer Generation erwiesen hat, sondern zu denen gehört, die alle Zeiten überdauern … *Red* war nicht ihr erstes Meisterwerk, aber das, mit dem das Swift'sche Universum endgültig zu dem Ort wurde, wo sich jeder verlorene Schal in eine tickende Zeitbombe verwandeln kann, die noch Jahre später in einem klassischen Song hochgehen kann."

REIF FÜR POP

Mit jedem Album entfernt sich Taylors Sound mehr von ihren Country-Wurzeln und nimmt Elemente jedes Genres von Rock über Dubstep bis Pop-Punk auf. Auf ihrem fünften Album *1989* geht sie aufs Ganze und festigt ihren Aufstieg zur Pop-Ikone. Es wird das mit Abstand meistverkaufte ihrer Alben. Die Absatzzahlen in der ersten Woche sind fast doppelt so hoch wie erwartet. Es hält sich elf Wochen nacheinander auf Platz 1 der *Billboard* 200 Charts (und bleibt ein ganzes Jahr lang in den Top 10). Die Kritiker sind sich einig und setzen *1989* auf zahllosen Bestenlisten für das Jahr 2014 ganz nach oben. Es bringt Taylor außerdem ihren zweiten Grammy für das „Album des Jahres" und den ersten in der Kategorie „Best Pop Vocal Album" ein.

Taylor sieht *1989* als ein „Fest", und nichts hätte sie auf die negativen Konsequenzen ihres Ruhms vorbereiten können, die sich mit Erreichen des (vorläufigen) Höhepunkts ihrer Karriere einstellen. Nach ihrer Trennung von Calvin Harris enthüllt sie 2016, dass sie an seinem Hit mit Rihanna *This Is What You Came For* mitgeschrieben hat, was einen Zusammenbruch von Calvins Twitter-Account auslöst, in dem er seiner Ex vorwirft, ihn „schlecht machen zu wollen". Der DJ erwähnt auch das böse Blut zwischen

Taylor und Katy Perry, die daraufhin ebenfalls in die verbale Schlammschacht einsteigt und ihre früheren Sticheleien gegen Taylor retweetet. Tage später rächt es sich, dass sie zwischenzeitlich ihr Verhältnis zu Kanye West wieder geklärt hat. Denn als sie die „stark frauenfeindliche Botschaft" einer Textzeile über sie in seinem neuen Song *Famous* kritisiert, reagiert der Rapper und behauptet, Taylor habe den Text in einem Telefongespräch abgesegnet – das er heimlich mitgeschnitten und über seine damalige Frau Kim Kardashian an Snapchat durchgestochen hat. Obwohl das Gespräch massiv bearbeitet wurde, um Kanyes Version der Dinge zu entsprechen, wird Taylor in den sozialen Medien als falsch und berechnend dargestellt. Twitter läuft heiß mit Schlangen-Emojis und dem Hashtag #TaylorSwiftIsOverParty.

Amerikas Sweetheart hat einen falschen Ton getroffen und die „massenhaften Demütigungen" veranlassen sie, sich ein gutes Jahr aus der Öffentlichkeit zurückzuziehen. Taylor meldet sich mit *Reputation* zurück, um getreu dem Albumtitel ihren Ruf wiederherzustellen. Ein kryptisches Video einer störanfälligen digitalen Schlange, die in Richtung Bildschirm zischelt, kündigt ihr sechstes Album an – und eine neue, dunklere Ära. Die Fans haben sie eindeutig vermisst: Ihre erste Single *Look What You Made Me Do* schießt auf Platz 1 und *Reputation* verkauft sich am 10. November 2017 – dem Tag, an dem das Album erscheint – fast 1 Million Mal. Taylor macht keinerlei Medienarbeit für das Album und lässt stattdessen die Musik für sich sprechen. Als sie 2019 zwei Jahre später zur Veröffentlichung von *Lover* schließlich wieder mit den Medien spricht, sinniert sie über diese prägende Zeit. In einem Interview mit der *Vogue* bezeichnet sie den Streit mit Kanye im Nachhinein als Segen: Er habe sie gezwungen, ihre „extrem einengende" Haut als braver, mustergültiger Popstar abzuwerfen, und nach dem Häuten sei dem Kokon eine neue Taylor entschlüpft.

GANZ ODER GAR NICHT

Taylor ist so entschlossen, ihr Crossover in die Popmusik durchzuziehen, dass sie in der Ära von *1989* alle Brücken zur Countrymusik hinter sich abbricht. Auf Anweisung der Sängerin wird keine der Singles aus dem Album an die Country-Radiosender geschickt und sie nimmt an keiner Countrymusik-Preisverleihung teil – entgegen allen Bitten ihrer Plattenfirma, es sich doch noch einmal zu überlegen. Zu der Zeit sind Country-Radiosendungen das beliebteste Format – was teilweise Taylor zu verdanken ist – und die Experten warnen, dass sich die fehlende Unterstützung dieser Sender negativ auf *1989* auswirken könnte. „Wenn man auf mehreren Hochzeiten tanzen will, verzettelt man sich", erklärt sie dem *Rolling Stone* ihren Wunsch, „eindeutig Popmusik" zu machen. Eine riskante Karriereentscheidung, aber sie steht an einem Scheidepunkt. Der kommerzielle Erfolg von *1989* macht aus der Countrysängerin eine Pop-Ikone.

KLARE KANTE

Als Taylor auf die 30 zusteuert, findet Amerikas Sweetheart das Selbstvertrauen, ihre einflussreiche Stimme zu nutzen, um auf bedeutende Veränderungen in den USA hinzuwirken. Es beginnt im Herbst 2018, als die Demokratische und die Republikanische Partei vor den Zwischenwahlen am 6. November um die Mehrheit in Senat und Kongress buhlen. Taylor sorgt sich insbesondere um ihre Wahlheimat, den Bundesstaat Tennessee, wo die Abgeordnete Marsha Blackburn von den Republikanern für einen Sitz im Senat kandidiert. Sie möchte, dass sich ihre Fans auf dem Weg zur Wahlurne über Blackburns bisherige politische Bilanz im Klaren sind: Die Konservative hat gegen die Gleichbezahlung von Frauen, gegen die Wiederinkraftsetzung des Gesetzes über Gewalt gegen Frauen und gegen LGBTQ+-Rechte gestimmt.

„Früher habe ich gezögert, meine politische Meinung öffentlich zu äußern, aber aufgrund verschiedener Ereignisse in meinem Leben und in der Welt in den letzten zwei Jahren sehe ich das jetzt anders", schreibt Taylor in einem Social-Media-Post. „Ich habe meine Stimme immer danach abgegeben und werde sie immer danach abgeben, welcher Kandidat oder welche

Kandidatin die Menschenrechte schützen und verteidigen wird, die wir in diesem Land meiner Meinung nach alle verdienen … In den letzten zwei Jahren sind so viele intelligente, bedachte, selbstbestimmte Menschen volljährig geworden und haben jetzt das Recht und Privileg, mit ihrer Stimme Einfluss zu nehmen." Die „Swifties" folgen ihrem Aufruf: Innerhalb von 24 Stunden, nachdem Taylor ihre Follower auf vote.org hingewiesen hat, steigt die Anzahl registrierter Neuwähler sprungartig um 65.000. (Trotz Taylors Bemühungen setzt sich Blackburn knapp gegenüber ihrem Gegner von der Demokratischen Partei durch.)

In der Netflix-Dokumentation *Miss Americana* von 2020, die während ihrer *Reputation*-Stadiontour entsteht, sehen die Fans die Auseinandersetzung, die ihre Entscheidung, ihr politisches Schweigen zu beenden, hinter den Kulissen zwischen Taylor und ihrem Team auslöst. Die Sängerin sitzt nach einer Show zusammen mit ihrer Mutter, ihrem Vater und ihrem Management im Backstage-Bereich und verteidigt tränenreich ihren Entschluss. Sie erklärt, wie sehr sie bereut, vor den Präsidentschaftswahlen 2016, die Donald Trump letztlich gewinnt, den Kopf in den Sand gesteckt zu haben. Ein nicht zu erkennender Mann warnt, dass sie Fans vor den Kopf stoßen könnte, wenn sie offen Stellung bezieht, und sie deshalb vielleicht nur halb so viele Tickets für die nächste Tour verkaufen wird. „Ich muss auf der richtigen Seite der Geschichte stehen", beharrt Taylor weinend. „Es ist mir wirklich sehr wichtig."

Auch in ihren Musiktexten hält sich die Sängerin nicht zurück. *You Need to Calm Down*, die zweite Single vom 2019er-Album *Lover*, prangert Homophobie und Internettrolls an, die die LGBTQ+-Community angreifen. Die Schwulenhymne straft die Bedenkenträger Lügen und steigt auf Platz 2 der *Billboard* Hot 100 Charts ein. Das starbesetzte Video mit Auftritten von RuPaul, Katy Perry, Adam Lambert und Laverne Cox erhält höchste Würden bei den MTV Video Music Awards und American Music Awards und ist bei den Grammy Awards in der Kategorie „Best Pop Solo Performance" nominiert. Taylor kehrt bei *The Man*, der vierten Single aus

> *„Ich habe meine Stimme immer danach*
> *abgegeben und werde sie immer danach abgeben,*
> *welcher Kandidat oder welche Kandidatin*
> *die Menschenrechte schützen und verteidigen*
> *wird, die wir in diesem Land meiner Meinung*
> *nach alle verdienen ..."*

dem Album *Lover*, ihre feministische Seite heraus und stellt sich vor, wie sie von den Medien behandelt würde, wenn sie keine Frau wäre. Sie setzt die Vorstellung visuell um: Im Video spielt Taylor „Tyler Swift", die menschliche Verkörperung toxischer Männlichkeit, gesprochen von Dwayne „The Rock" Johnson. Bei den Video Music Awards trägt ihr die Arbeit hinter der Kamera bei *The Man* die Auszeichnung für die beste Regie ein – eine Premiere in der Geschichte der VMAs.

Gerade als Taylor als Künstlerin den Zenit erreicht, landet ihr musikalisches Vermächtnis auf unglaubliche Weise in den Händen von jemandem, der „versucht, es kaputt zu machen". Scooter Braun, der Justin Bieber und Ariana Grande managt, übernimmt 2019 das Plattenlabel Big Machine und erwirbt damit auch die Rechte an Taylors ersten sechs Alben. Im Jahr davor nähert sich ihr Vertrag dem Ende seiner Laufzeit und Borchetta bietet ihr an, mit jedem *neuen* Album, das sie für das Label aufnimmt, die Rechte an jeweils einem ihrer älteren Alben „zurückzuverdienen". „Ich habe mich nicht darauf eingelassen, weil ich wusste, dass Scott Borchetta – kaum, dass ich den Vertrag unterzeichne – das Label verkaufen und damit mich und meine Zukunft verscherbeln würde", enthüllt sie in einem Tumblr-Post.

Taylor, die man niemals unterschätzen sollte, hat größere und bessere Pläne.

„Ich musste die schmerzliche Entscheidung treffen, mich von meiner Vergangenheit zu trennen." Sie geht den Schritt und unterzeichnet einen neuen Vertrag mit Republic Records. Aber während sie sich bei den American Music Awards 2019, wo sie als „Künstlerin des Jahrzehnts" geehrt wird, auf einen Auftritt mit einem Medley ihrer Hits vorbereitet, sollen Braun und Borchetta versucht haben, sie daran zu hindern, auch ihre frühen Songs zu spielen (eine Behauptung, die sie bestreiten). An diesem Abend betritt Taylor die Bühne und gibt mit ihrem Outfit ein unmissverständliches Statement ab: Sie trägt ein durchgeknöpftes weißes Männerhemd, auf dem die Titel der sechs Alben prangen, die sie verloren hat. Sie schwört, jedes einzelne neu aufzunehmen und damit die Versionen, deren Rechte nun bei Braun liegen, de facto wertlos zu machen: iHeartRadio, die größte Radio-Rundfunkanstalt in den Vereinigten Staaten, verspricht, dass ihre unzähligen Sender ausschließlich *Taylor's Versions* spielen werden. Der Power-Move ist „herzerwärmend", freut sie sich in *The Graham Norton Show*. „Das ist mir wichtig. Ich erwarte nicht, dass anderen Menschen etwas daran liegt. Es ist etwas sehr Persönliches für mich."

Taylor widmet ihre Aufmerksamkeit wieder ihrem aktuellen Album und bereitet *Lover Fest* vor, die Promo-Welttour für ihr siebtes Album, die sie in Länder führen soll, in denen sie noch nie aufgetreten ist, darunter Brasilien, Portugal, Dänemark und Polen. Aber nur knapp zwei Monate vor Tourstart bricht die Covid-19-Pandemie aus und die Welt geht in den Lockdown. Sie muss die Tour auf 2021 verschieben. Die produktive Songwriterin, die sich zu Hause einigelt, beschäftigt sich, wie nur sie sich beschäftigen kann: Sie nimmt die beiden Überraschungsalben *folklore* und *evermore* auf, die 2020 als „Indie-Pop-Schwestern" im Abstand von weniger als fünf Monaten herauskommen. Irgendwie findet sie trotzdem noch die Zeit, die Neuaufnahme von *Fearless (Taylor's Version)* abzuschließen, die im April 2021 herauskommt, gefolgt von *Red (Taylor's Version)* im November desselben Jahres. Neun Monate später kündigt Taylor im August 2022 bei den Video Music Awards in der Dankesrede für ihre Auszeichnung in der Kategorie „Video des Jahres" nebenbei ihr zehntes Album an: *Midnights*, „die Geschichten von 13 schlaflosen Nächten, die über mein Leben verteilt sind".

Mit dem neuen Material von vier Alben und der allmählichen Lockerung der Covid-19-Beschränkungen weltweit erwarteten die Fans voller Vorfreude, dass Taylor auf Tour geht. Man sollte sie jedoch nie unterschätzen, denn sie hat größere und bessere Pläne: die *Eras*-Tour – eine musikalische Reise durch ihr gesamtes Repertoire. Die Nachfrage nach Tickets erreicht ungeahnte Ausmaße und ist so hoch, dass die Plattform von Ticketmaster während des rekordträchtigen Vorverkaufs zusammenbricht und eine Online-Massenpanik unter „Swifties" auslöst, die jahrelang auf ihre Lieblingssängerin gewartet haben. Für Taylor ist das Fiasko „entsetzlich" und sie verspricht, das Ticketkonglomerat zur Verantwortung zu ziehen.

Bei *Eras* – der größten Tournee in der Geschichte mit einem Bruttoumsatz von 1 Milliarde US-Dollar – kommen die Fans voll auf ihre Kosten: 44 Songs in zehn Akten, jeder mit einem eigenen Farbschema, Kostümen und Bühnenbildern. Aber die Show wirkt weit über die Stadionmauern hinaus. Laut *Forbes* generiert *Eras* während des ersten Tourabschnitts 2023 in den USA Verbraucherausgaben in Höhe von 4,6 Milliarden US-Dollar, vor allem in den 20 US-Städten, in denen Taylor auftritt und wo Millionen von „Swifties" keine Kosten für Hotelübernachtungen, Reisen und Restaurantbesuche scheuen.

Obwohl sie sich just zum Tourstart nach sechs Jahren von ihrem Freund Joe Alwyn trennt, spürt Taylor jeden Abend die Liebe ihrer Fans. Und dies baut sie seelisch wieder auf: „Ich bin noch nie in meinem Leben in jedem Lebensbereich so glücklich gewesen", ruft sie in Foxborough, Massachusetts, in die Menge. „Und ich möchte euch danken, dass ihr ein Teil davon seid … Es ist mehr als eine Tournee. Ich habe einfach den Eindruck, dass sich mein Leben endlich so anfühlt, als hätte alles einen Sinn."

Es zeigt sich nach dem nächsten Tourabschnitt (vier aufeinanderfolgende Konzerte in Mexiko-Stadt Ende August), dass Taylor einen neuen Grund zum Lächeln hat: Travis Kelce. Am 12. September berichtet *Entertainment Tonight,* dass sie und der Tight End der Kansas City Chiefs seit Wochen „in aller Stille zusammen sind". Die beiden lernen sich anscheinend über Freunde kennen, nachdem der zweimalige Super-Bowl-Sieger Kelce öffentlich verkündet hat, dass er ein Freundschaftsarmband mit seiner Telefonnummer hat anfertigen lassen, um es Taylor nach ihrem Konzert im Arrowhead Stadium zu überreichen. Damals gelingt es ihm nicht, sie zu treffen. Aber in einem Szenario, das direkt aus *Invisible String* stammen könnte, steht die Sängerin zwei Monate später auf derselben Tribüne und feuert Kelce an – in Begleitung von niemand Geringerem als seiner Mutter Donna –, als er mit den Chiefs die Chicago Bears schlägt.

Bis zur Fortsetzung der *Eras*-Tour in Südamerika sind Travis und seine Glücksbringerin in den nächsten Wochen unzertrennlich und man sieht sie häufig öffentlich turtelnd bei Dates in Kansas City und New York. Die sozialen Medien erliegen kollektiv dem zuckersüßen Charme des neuen Paars, aber eine einfache romantische Geste macht es wirklich surrealistisch: Als ein Video auftaucht, in dem Travis Taylors Leibwächter anweist, zur Seite zu treten, damit er ihr die Autotür öffnen und beim Aussteigen behilflich sein kann, spekulieren die Fans reihenweise, dass der Superstar endlich mit einem Mann zusammen ist, der sie als „Juwel" behandelt.

ALLES AUF ANFANG

Sechs Alben neu aufzunehmen – und gleichzeitig neue Musik zu produzieren – mag wie eine unlösbare Aufgabe erscheinen. Aber für Taylor bietet die Reise in die Vergangenheit die Chance, ihre Zukunft selbst in die Hand zu nehmen. Das erste Album in der Reihe *Taylor's Version* ist *Fearless*. Es erscheint 2021, rund 13 Jahre nachdem die Erstveröffentlichung die Countrysängerin über Nacht zur Sensation macht. Rückblickend „kann ich es in seiner launenhaften, überbordenden, chaotischen Gänze würdigen", sagt sie Fans. „Dieser Prozess war erfüllender und emotionaler, als ich es mir jemals hätte vorstellen können." Auf ihrer Reise durch die Vergangenheit springt sie zwischen den Epochen hin und her. Nach ihrem zweiten Album *Fearless* nimmt Taylor 2021 ihr viertes Album *Red* neu auf. Im Juli 2023 springt sie mit *Speak Now* wieder zurück, bevor im Oktober die Neuaufnahme von *1989* herauskommt – das fünfte ihrer sechs verlorenen Alben. Die letzten beiden Kapitel von *Taylor's Versions* sind ihr Debüt *Taylor Swift* und *Reputation* aus dem Jahr 2017.

TEIL II

Taylor-Made Music

Musik à la Taylor

DISKOGRAFIE

Elf Alben in achTzehn JAhren ergeben eine untYpisch zeit-LOse Diskografie voller Liebe und Verlust, Freundschaft und Familie, Rivalität und Rache, Erwachsenwerden, Älterwerden und supersüßem Karma (was vielleicht auch der Titel eines geheimen Albums ist, das sie eines TageS herausbringen Wird oder auch nicht). In ihren Texten und Melodien kann sich jeder wIederfinden. Es bleibt nur noch die Frage: Welches Kultalbum hörst du zuersT?

TAYLOR SWIFT

DAS DEBÜT DER NÄCHSTEN COUNTRY-GRÖSSE
ERSCHEINUNGSDATUM: 24. OKTOBER 2006

• TRACKLISTE •

1. Tim McGraw
2. Picture to Burn
3. Teardrops on My Guitar
4. A Place in This World
5. Cold as You
6. The Outside
7. Tied Together with a Smile
8. Stay Beautiful
9. Should've Said No
10. Mary's Song (Oh My My My)

11. Our Song

BEST BUY UND DIGITAL DOWNLOAD BONUSTRACK

12. I Heart

DELUXE EDITION BONUSTRACKS

13. I'm Only Me When I'm With You
14. Invisible
15. A Perfectly Good Heart

REKORDE: *Taylor Swift* – das Platz 5 der *Billboard* 200 Charts erreicht – wird das Album, das sich in dem Jahrzehnt von 2000 bis 2010 am längsten in den Charts hält. Es wird sieben Mal mit Platin (7 Millionen verkaufte Albumäquivalente) ausgezeichnet und macht Taylor zur ersten Country-Solokünstlerin, die jeden Song auf einem Platin-Debütalbum selbst geschrieben hat oder als Co-Songwriterin beteiligt war.

KREATIVE RICHTUNG: Als Taylor mit dem Produzenten Nathan Chapman aus Nashville – der noch nie ein vollständiges Album aufgenommen hat – ins Studio geht, hat sie ihr Debütalbum im Kopf bereits vollständig durchgeplant, von der

Trackliste bis zu den Instrumenten, die in jedem Song zu hören sein werden. Als junge Songwriterin mit begrenzter Lebenserfahrung lässt sich Taylor natürlich von ihren Beobachtungen inspirieren. Als Teenagerin setzt sie sich mit Highschool-Dramen auseinander, die sich in Songs über fiese Mädchen, gedankenlose Jungs und den Stachel der Zurückweisung niederschlagen.

Das Alter ist aber eindeutig nur eine Zahl: Taylors tagebuchähnliche Texte sprechen Musikfans aller Generationen an. Während der Vermarktung von *Taylor Swift* erzählen Fans der Sängerin bei öffentlichen Terminen im ganzen Land, wie sehr sie es schätzen, dass sie ihnen das Gefühl gibt, gesehen zu werden. „Wenn ich das höre, habe ich ehrlich das Gefühl, etwas Gutes getan zu haben", freut sich Taylor 2007 in einem Fernsehinterview mit CMT. „Es gibt mir das Gefühl, dass ich getan habe, was ich tun wollte, nämlich Menschen das Gefühl zu geben, dass sie nicht allein sind. Niemand will allein sein."

Der *Rolling Stone* stuft *Tim McGraw* 2020 auf Platz 11 seiner Liste der 100 größten Debütsingles aller Zeiten ein.

COVERSTORY: Taylor muss nicht lange suchen, um einen Fotografen für ihr Debütalbum zu finden. Andrew Orth, ein langjähriger Freund der Familie, porträtiert die Swifts seit Taylors Babytagen. 14 Jahre später ist er Star-Porträtfotograf in Los Angeles und sie steht kurz davor, ein Superstar zu werden. Orth reist 2006 für eine Woche nach Nashville und macht Aufnahmen von Taylor an verschiedenen Locations in der Stadt, die ihr Bruder Austin ausfindig gemacht hat. Die 15 Aufnahmen im Booklet zu *Taylor Swift*, die teilweise von Melinda Norris stammen, zeigen die blonde, blauäugige Countrysängerin als die junge Traumfrau von nebenan: Traktor fahrend auf einer Farm, als Beifahrerin in einem Oldtimer und bei einem Spaziergang entlang eines malerischen Seeufers.

DIE MUSE: Jeder junge Mann, der die Teenagerin Taylor verletzt hat, hat ziemlich gute Chancen, in den Texten ihres Debütalbums, das sich 6 Millionen Mal verkauft, angeprangert zu werden. „An alle Jungs, die dachten, sie könnten cool sein und mir das Herz brechen: Wisst ihr was? Hier sind elf Songs über euch", warnt sie im Covertext.

Insbesondere der Song *Should've Said No*, der in den Hot Country Songs Charts Platz 1 erreicht, erzählt von einem „Typen, der mich betrogen hat" – zum ungünstigsten Zeitpunkt: eine Woche, bevor Taylor ins Aufnahmestudio geht. Der Titel fällt ihr zuerst ein und in nur fünf Minuten steht auch der Refrain. Einige Zeilen der Strophen stammen direkt aus den Gesprächen mit dem Fremdgeher. Wer ist der Kerl, der besser „Nein" gesagt hätte? Taylor verrät es in einer geheimen Nachricht in den Liner Notes zum Song: „Sam Sam Sam Sam Sam Sam."

Anders als der Titel vermuten lässt, geht es in *Tim McGraw* nicht um den Country-Superstar, sondern einen seiner Fans: Taylors künftigen Ex-Freund. Sie geht damals in die 9. Klasse und er in die Oberstufe und ist kurz davor, zum College zu wechseln. „Ich wusste, dass wir uns trennen würden", erzählt sie CMT.com 2006. „Also fing ich an, über all die Dinge nachzudenken, von denen ich wusste, dass sie ihn an mich erinnern würden" – wie ihren Lieblingssong des Country-Superstars: *Can't Tell Me Nothin'*. Dank Taylors Hitsingle, die er „cool" findet, wird er sie jetzt nie mehr vergessen. Es hätte schlimmer kommen können, witzelt sie gegenüber *Great American Country*: „Ich glaube, er war froh, dass ich *Picture to Burn* nicht über ihn geschrieben habe."

TRACK 5: Der begehrteste Platz auf der Trackliste jedes Albums ist der fünfte Song, der von Anfang an Taylors verletzlichstes Lied ist. Bei ihrem Debüt hat sie das Gefühl, dass *Cold as You* ihre beste Textarbeit ist. Darin geht es um den Moment, als ihr klar wird, dass sie nicht länger das Verhalten von jemandem entschuldigen darf, „der es nicht verdient", wie sie im Promotion-Material verrät, „denn manche Menschen werden dich einfach niemals lieben". Für alle Fans, die eine ähnliche Situation durchleben, hat sie in den Liner Notes des Songs einen Rat: „Time to let go" (Es ist Zeit, loszulassen).

NAMENSGEBUNG: Bevor Taylor beschließt, dem Debütalbum ihren Namen zu geben, spielt sie mit dem Gedanken, es *A Place in This World* zu nennen – nach dem Song, den sie nach ihrem Umzug nach Nashville geschrieben hat. Sie merkt, dass „es schwierig war, herauszufinden, wie ich dorthin komme, wo ich hinwill". Nur wenige Jahre später ist sie dort angekommen.

TAYLORS TROPHÄEN: Obwohl sie ein Neuling ist, wird Taylor für dieses Album wie ein alter Hase gefeiert. In ihrer Debüt-Ära erhält die Teenagerin unter anderem folgende Preise: Favorite Country Female Artist (American Music Awards), Breakthrough Video of the Year für *Tim McGraw* (CMT Music Awards), New Female Vocalist of the Year (Academy of Country Music Awards) und Choice Breakout Artist (Teen Choice Awards).

GEBROCHENES VERSPRECHEN: Für ein Foto für das Booklet von *Taylor Swift* zeichnet die Sängerin mit schwarzem Marker ein Herz auf ihren linken Fuß und schwört, dass sie die Kritzelei durch ein dauerhaftes Tattoo ersetzen wird, wenn sich ihr Album 2 Millionen Mal verkauft. Die 18-Jährige erreicht ihr Ziel 2008, aber wie sie dem *Rolling Stone* sagt, wird sie niemand auf ihre alte Aussage festnageln. „Ich kann mein Versprechen zurückziehen", erklärt Taylor der Zeitschrift. „Vor allem weil mein Vater gesagt hat, dass er es mit einem Bandschleifer entfernen würde."

FEARLESS

MUTIGER WECHSEL INS MAINSTREAM-GENRE
ERSCHEINUNGSDATUM: 11. NOVEMBER 2008

• TRACKLISTE •

1. Fearless
2. Fifteen
3. Love Story
4. Hey Stephen
5. White Horse
6. You Belong With Me
7. Breathe
   (featuring Colbie Caillat)
8. Tell Me Why
9. You're Not Sorry
10. The Way I Loved You

11. Forever & Always
12. The Best Day
13. Change

FEARLESS: PLATINUM EDITION

14. Jump Then Fall
15. Untouchable
16. Forever & Always
    (Klavierversion)
17. Come In With the Rain
18. Superstar
19. The Other Side of the Door

REKORDE: *Fearless* ist das meistprämierte Country-Album aller Zeiten und das erste, das innerhalb eines Jahres jeweils einen Grammy Award, Academy of Country Music Award, American Music Award und Country Music Association Award erhält. Die damals 20-jährige Taylor ist die jüngste Grammy-Preisträgerin in der Kategorie „Album of the Year" – ein Titel, den sie ein Jahrzehnt lang hält und erst 2020 an die 18-jährige Billie Eilish abtreten muss.

KREATIVE RICHTUNG: Während einer Tour mit Brad Paisley schreibt Taylor 2007 *Fearless*, in dem es um ein imaginäres Date geht. Von der Idee beflügelt, mutig

und ohne Angst zu leben, betrachtet sie auf ihrem zweiten Album „beide Seiten"
einer Liebesbeziehung: die Idealisierung (*Love Story, You Belong With Me, Jump
Then Fall*) und die Desillusionierung (*Breathe, You're Not Sorry, Forever & Always*).

„Wenn dir jemand das Herz bricht, man akzeptieren muss, dass man nicht
mit dem Menschen zusammen sein wird, mit dem man zusammen sein wollte,
wenn sich jemand immer wieder bei dir für etwas entschuldigt, das er aber
niemals lassen wird, das Vertrauen zu haben, dass sich vielleicht eines Tages
etwas ändern wird – ich dachte, dass all das ein Element der Furchtlosigkeit in
sich trägt", erklärt sie MTV News. „Ich glaube außerdem, dass ‚fearless' (furchtlos) nicht unbedingt bedeutet, keine Ängste zu haben. Ich denke, furchtlos zu
sein heißt, manchmal eher Angst zu haben und trotzdem zu springen."

POPSTAR: Die poppigen Klänge auf *Fearless* erweitern Taylors Fangemeinde
weit über Nashville hinaus – das Album wird von den Mainstream-Radiosendern,
MTV und den preisverleihenden Organisationen mit offenen Armen begrüßt und
belegt elf Wochen in Folge Platz 1 der US-amerikanischen *Billboard* 200 Charts.
2010 gewinnt *Fearless* als erstes Country-Album bei den Grammys in der Kategorie „Album of the Year" (plus zwei Nominierungen für „Best Female Pop Vocal
Performance" und „Best Pop Collaboration with Vocals"). „Es ist irgendwie …
unwirklich", staunt Taylor im Gespräch mit der *Oakland Press*. „Was den Sound
betrifft, ist das die Art von Songs, die ich gern schreibe, nämlich Country-Songs.
Aber ich vermute, dass sie wegen der Themen und einigen der Melodien, die ich
gern nutze, auch Fans anderer Genres ansprechen. Ich spreche lieber von Spillover
als Crossover, weil ich Country-Musikerin bin und Country-Songs schreibe. Ich
habe einfach nur Glück, dass sie ‚überschwappen' und auch von Pop-Radiosendern
gespielt werden."

DIE MUSE: Wie Taylor der *Oakland Press* erklärt, „verbinde ich mit jedem Song
auf *Fearless* ein Gesicht" – ganz egal, ob sie eine unmittelbare Beziehung zu diesem

Menschen hat oder die Erfahrungen von Freunden beobachtet. Für sie entfaltet die Liebe eine unendliche Faszination – „was sie mit uns macht und wie wir Menschen behandeln und wie sie uns behandeln. Am harmlosen Ende des Spektrums steht der Song *Hey Stephen*, für den Love-and-Theft-Sänger Stephen Barker Liles die Inspiration liefert. Er erklärt Taylor, sie als Freundin zu schätzen, aber nicht an einer Beziehung interessiert zu sein (er bezeichnet sich später als „Idioten“).

Im Gegensatz nennt *Forever & Always* die beiden Wörter – für immer und ewig –, mit denen Joe Jonas ihre Beziehung beschreibt, bevor er sie in einem 27-sekündigen Telefongespräch beendet. „Das war mir vorher so noch nie passiert, so abrupt“, verrät Taylor im Magazin *People*. „Ich dachte mir: ‚Das muss erzählt werden.‘“ Aber kann sie es auf *Fearless* sagen? Am Tag darauf ist der Abgabetermin für die finalen Aufnahmen bei Big Machine Records. Nachdem sie Scott Borchetta eine Weile bearbeitet und gebettelt hat, schafft es *Forever & Always* auf das Album – nicht nur einmal, sondern gleich zweimal – denn Taylor nimmt noch eine Klavierversion für die *Platinum Edition* auf.

TRACK 5: Auf einem Album voller Märchen ist *White Horse* alles andere als ein Happy End, bei dem die Protagonistin mit dem Traumprinzen in den Sonnenuntergang reitet. Der Song besingt eine „wirklich traurige Trennung“ und behandelt den Moment, in dem „alles auseinanderbricht“, erklärt Taylor in einem Clip, der hinter den Kulissen des Videodrehs entsteht. „Wenn dir klar wird, dass dieser Mensch gar nicht der ist, für den du ihn gehalten hast.“ Obwohl sie *White Horse* als persönlichen Song beschreibt, gesteht sie in einem anderen Interview, dass sie gar nicht mit dem Angebeteten zusammen war, aber sehr verliebt – so sehr, dass er auch die Inspiration für *Love Story* liefert. Taylor weigert sich, seine Identität preiszugeben, um sein „Inspirationspotenzial nicht zu glorifizieren“, aber es wird gemeinhin angenommen, dass es Martin Johnson ist, der Frontmann der Band Boys Like Girls – ein Emo-Rocker, bei dem die Betreuer der Teenagerin befürchten, dass er ihrem blitzsauberen Image schaden könnte.

Trotz der besonderen Auszeichnung, ein Track 5 zu sein, hätte es *White Horse* fast nicht auf *Fearless* geschafft. Sie erklärt gegenüber *That's Country,* dass „wir schon ‚Traurigkeit' auf dem Album hatten", also will sie den Song für ihr drittes Album aufsparen. Aber dann vereinbart ihre Agentur ein Treffen mit Shonda Rhimes, der Produzentin ihrer Lieblingsfernsehserie *Grey's Anatomy*. Da Taylor *White Horse* noch nicht aufgenommen hat, spielt sie den Song auf der Gitarre und die Produzenten „flippen aus". Als sie erfährt, dass der Song in der ersten Folge der fünften Staffel von *Grey's Anatomy* zu hören sein wird, „liefen mir die Tränen über das Gesicht", erzählt sie *Billboard*. „Es ist mein Lebensziel, einen Song in *Grey's Anatomy* zu haben."

TRÄNENDRÜSE: Der Song auf *Fearless,* der Taylor bei den Aufnahmen zum Weinen bringt, ist *Fifteen*, vor allem der Teil über ihre beste Freundin Abigail, der ein Junge das Herz bricht, dem sie „alles" gegeben hat, weil sie glaubt, dass er die große Liebe ist. „Wenn ich darüber singe, geht es mir jedes Mal nahe", gesteht sie CMT 2008. Ein Jahr später verrät die Sängerin in einem Interview mit dem *Rolling Stone,* dass sich Abigails Ex bei ihr gemeldet hat, nachdem er *Fifteen* gehört hatte, und sie um Hilfe bat, um alles in Ordnung zu bringen. Sie stimmt zu, arrangiert ein Überraschungstreffen zwischen den beiden und brennt sogar eine CD mit Abigails Lieblingsliedern als Hintergrundmusik für den romantischen Moment. Leider wiederholt sich die Geschichte. „Der Kerl stand mitten auf diesem Feld in einem großen Herz aus Kerzen, mit einem Strauß Rosen in der Hand … Und wie üblich musste ich am nächsten Tag die Scherben aufsammeln", seufzt sie. „Aber das ist in Ordnung. Es macht mir nichts aus."

WELTTOURNEE: Taylors erste Tour mit ihr als Hauptact ist auch gleich ihre erste internationale Tournee. Die *Fearless*-Welttournee startet im April 2009 mit Etappen in ganz Nordamerika, Europa, Australien, Asien und sogar den Bahamas. Taylor spricht davon, dass „ein Traum in Erfüllung geht", und verspricht, ihre

Songs mit einer „multidimensionalen" Show voller aufsehenerregender Kostüme, fünf verschiedenen Gitarren und einem Märchenschloss-Bühnenbild, das von mehr als einer Million Lumen beleuchtet wird, „zum Leben zu erwecken". *Billboard* Boxscore berichtet 15 Monate und 119 Konzerte später, dass die *Fearless*-Welttournee einen Bruttogewinn von über 63 Millionen US-Dollar eingespielt hat.

FEARMORE: Während sie das Album bewirbt, schreibt Taylor weiter Songs. Viele davon waren so *Fearless*-mäßig, dass sie sich wünscht, sie könnte in die Vergangenheit reisen und sie in das Album aufnehmen. Also bringt sie das Album ein Jahr später noch einmal als *Fearless: Platinum Edition* heraus. Es handelt sich um ein CD/DVD-Paket mit sechs neuen Songs, Musikvideos und privaten Einblicken. Die *Platinum Edition* ist die bisher einzige Veröffentlichung, auf der Taylor eine Coverversion eines Songs rausbringt: *Untouchable* der Rockband Luna Halo aus Nashville. Taylors Version klingt gar nicht wie das Original, denn sie hat den Text neu geschrieben und den Song neu arrangiert – und zwar so gründlich, dass nicht einmal die Band selbst das Lied erkennt. „Aber sie ist aktuell eine der größten Künstlerinnen der Welt, wenn nicht die größte, und wenn sie unseren Song ein wenig ändern will, ist das für mich in Ordnung", sagt Nathan Barlowe, der Frontsänger von Luna Halo im Gespräch mit *The Tennessean*. „Die Absatzzahlen unserer Version sind gestiegen … Neue Leute kommen und sagen: ‚Ich wäre ohne Taylor Swift nie auf euch aufmerksam geworden.'"

TAYLOR'S VERSION: Dreizehn Jahre nachdem Taylor mit *Fearless* Geschichte geschrieben hat, geht sie die erste Neuaufnahme nach dem Verlust der Masterversionen an den Musikmanager Scooter Braun an und überarbeitet die Songs. Durch die Arbeit mit demselben Produzenten aus Nashville (Nathan Chapman) und denselben Musikern wie bei der Originalversion erweist sich die Neuaufnahme von *Fearless (Taylor's Version)* als „erfüllender und emotionaler, als ich es mir hätte vorstellen können", tweetet sie vor der Veröffentlichung am 9. April

2021. Zusätzlich zu den 19 Songs der *Platinum Edition* nimmt Taylor *Today Was a Fairytale* aus dem Film *Valentine's Day* von 2010 und sechs bis dato unveröffentlichte Tracks auf das Album, von denen bei zwei Songs Keith Urban und Maren Morris mitwirken.

Als traditionelle Neuaufnahme entfernt sich *Taylor's Version* kaum vom Original aus dem Jahr 2008. „Wir haben alle Teile übernommen, die ich mir ursprünglich für diese Songs ausgedacht habe. Aber wo wir die Klangqualität verbessern konnten, haben wir es auch getan", erklärt sie gegenüber *People*. „Wir haben das geballte Wissen einfließen lassen, das wir über die Jahrzehnte gesammelt haben, in denen wir diese Musik gespielt haben. Aber ja, ich habe mir die Songs Zeile für Zeile angeschaut und mir alle Vocals angehört und mir gedacht, wie ist mein Tonfall hier. Wo ich was verbessern konnte, habe ich es getan. Ich wollte aber, dass die Neuaufnahme dem, was ich mir ursprünglich gedacht und geschrieben hatte, ziemlich treu bleibt. Nur besser natürlich." Die Fans sahen es genauso – *Fearless (Taylor's Version)* wird am Tag seines Erscheinens 50 Millionen Mal gestreamt.

SPEAK NOW
TAYLORS STIMME, TAYLORS TEXTE
ERSCHEINUNGSDATUM: 25. OKTOBER 2010

• TRACKLISTE •

1. Mine
2. Sparks Fly
3. Back to December
4. Speak Now
5. Dear John
6. Mean
7. The Story of Us
8. Never Grow Up
9. Enchanted

10. Better Than Revenge
11. Innocent
12. Haunted
13. Last Kiss
14. Long Live

DELUXE EDITION (DISC ZWEI)

15. Ours
16. If This Was a Movie
17. Superman

REKORDE: In der ersten Woche verkauft sich *Speak Now* 1.047.000 Mal und erreicht damit die höchsten Verkaufszahlen einer Country-Künstlerin in einer einzigen Woche. Darüber hinaus belegen elf der 14 Tracks des Albums Plätze in den *Billboard* Hot 100 Charts, was vor Taylor noch keiner Künstlerin gelungen ist.

KREATIVE RICHTUNG: Als Taylor ihr drittes Album angeht – während sie auf Welttournee Promotion für ihr zweites macht –, ist die Grammy-Preisträgerin und Hitmaschine längst in den erlauchten Kreis der A-Promis aufgestiegen, mit allen Schattenseiten des Ruhms, einschließlich der Regenbogenpresse, die über jeden ihrer Schritte berichtet. Und es gibt viel zu berichten, von prominenten Liebesgeschichten bis zur öffentlichen Demütigung durch Kanye West bei den MTV Video Music Awards 2009. Mit *Speak Now* und seinen 14 offenherzigen Songs über Herzschmerz, Mobber und den Auszug aus dem Elternhaus möchte Taylor einiges wieder geraderücken. Sie schreibt auf Tour mehr als 25 Songs und verschlankt die Trackliste mit Hilfe ihrer Mutter Andrea, ihrer besten Freundin Abigail und ihrem Produzenten Nathan Chapman.

NAMENSGEBUNG: Bevor sich Taylor für *Speak Now* als Titel entscheidet, ist auch *Enchanted* – zu Ehren von Track 9 – in der engeren Auswahl. Aber der Titel ähnelt zu sehr dem märchenhaften Thema von *Fearless*. „Ich kam einfach immer wieder auf *Speak Now*, weil es so eindrücklich den Moment beschreibt, wenn es fast zu spät ist und du entweder deine Gefühle offen aussprechen oder für immer mit den Folgen leben musst", erklärt Taylor gegenüber *Yahoo! Music*. „Ich denke, dass das eine Metapher für viele Lebenssituationen ist, in denen man entweder sagen kann, was man denkt, oder es für immer für sich behält. Und dieses Album schien für mich die Gelegenheit, jetzt zu sprechen oder für immer zu schweigen."

DIE MUSE: Es scheint, dass Taylor einigen Leuten eine Menge zu sagen hat: Die Inspiration für *Speak Now* liefern unter anderem ihre Ex-Freunde Cory Monteith (erste Single *Mine*), Taylor Lautner (*Back to December*) und John Mayer (*Dear John*) sowie Mobber (*Mean*). Trotz der Demütigung durch Kanye West bei den MTV Video Music Awards 2009 beschließt Taylor, nicht zurückzuschlagen. Stattdessen schreibt sie einen Song an ihn: *Innocent*. Nachdem sie ein paar Monate über den Vorfall nachgedacht hat, beschließt sie, dem Rapper gegenüber einen versöhnlicheren Ton anzuschlagen. Sie versichert ihm im Songtext, dass er nicht durch sein Verhalten an diesem Septemberabend definiert werden wird. Genau ein Jahr später stellt Taylor die Single *Innocent* bei den Video Music Awards 2010 auf derselben Bühne dem Publikum vor.

TRACK 5: Als die 19-Jährige 2009 mit dem 32-jährigen John Mayer auf dessen Single *Half of My Heart* zusammenarbeitet, funkt es. Aber die Liebelei ist schon vorbei, als die Gerüchteküche Wind davon bekommt. Als ein Jahr später *Dear John* auf *Speak Now* erscheint, besteht kein Zweifel daran, wer die Vorlage für den älteren Mann geliefert hat, der Psychospielchen treibt und sie unglücklich macht. Obwohl sie sich weigert, die Identität des Manns preiszugeben, outet sich Mayer mehr oder weniger selbst, als er 2012 in einem Interview mit dem *Rolling Stone* den Song *Dear John* als „billiges Songwriting" und „mieses Ding" zerreißt. Und trotzdem macht er ein Jahr später das Gleiche mit *Paper Doll* – ein Diss-Song, dessen Text mit Hinweisen auf Taylor gespickt ist. Der Song, der in der *Red*-Ära herauskommt, hat eine Anziehpuppe zum Thema, die mit einem „marokkoroten" Schal bekleidet ist (*All Too Well*) und sich benimmt, als wäre sie „22 Mädchen in einem" (22).

SPEAK LEAK: Trotz Taylors sorgfältiger Planung für *Speak Now* taucht zwei Wochen vor dem geplanten Erscheinungstermin eine minderwertige MP3 von *Mine* auf – aber sie passt ihre Pläne schnell an. Die Sängerin sitzt im Flugzeug auf dem Weg nach Japan, als sich einer ihrer Manager in Schadensbegrenzung versucht: „Hey, schieb jetzt bitte keine Panik. Aber wie wäre es für dich, wenn die Single am 5. August rauskäme? Das ist der 05.08. Und fünf plus acht sind 13, und das ist deine Glückszahl!" Taylor erzählt *Entertainment Weekly* später, dass sie nach anfänglicher Verzweiflung akzeptiert, was sie nicht ändern kann. Sie kann nur beeinflussen, wie sie damit umgeht. Also beschließt sie, die Veröffentlichung der offiziellen Version auf iTunes vorzuziehen und die Single sofort herauszubringen. *Mine* geht direkt auf Platz 1 der Hot Digital Songs Charts.

CROWDSOURCING: Während der *Fearless*-Welttournee stellt Taylor teils neues Material für ihr nächstes Album vor. *Sparks Fly* schafft es nur zweimal auf die Setliste, aber es bleibt den Fans im Gedächtnis, die bei den öffentlichen Fanterminen dezidiert danach fragen. „Also habe ich den Song überarbeitet und ihm neues Leben eingehaucht, sowohl dem Text als auch hinsichtlich der Produktion", erklärt Taylor *Entertainment Weekly*. „Ich bin vom Endergebnis wirklich begeistert."

ABSCHIEDSWORTE: „Ich habe großen Spaß an allem, was damit zu tun hat, Leuten von diesem Album zu erzählen, weil ich einfach so stolz darauf bin", erklärt Taylor in Anbetracht der anstehenden *Speak Now*-Ära gegenüber *Entertainment Weekly*, „Es ist auf jeden Fall etwas, das man sich selbst vorbeten muss. Ich werde nicht müde sein, ich werde nicht jammern. Denn ich lasse mich in dem Wissen darauf ein, dass ich härter, schneller und länger arbeiten werde als irgendwann sonst in den nächsten zwei Jahren."

TAYLOR'S VERSION: Mit der dritten ihrer Neuaufnahmen, *Speak Now (Taylor's Version)*, meldet sie sich 13 Jahre nach Erscheinen des Originals zu Wort. „Die Songs aus dieser Phase meines Lebens sind durch ihre brutale Ehrlichkeit, ihre ungefilterten tagebuchähnlichen Geständnisse und wilde Wehmut geprägt", verrät Taylor auf Social Media, nachdem sie beim ersten Konzert ihrer *Eras*-Tour in Nashville den 7. Juli 2023 als Erscheinungsdatum bekanntgegeben hat. „Ich liebe dieses Album, weil es davon erzählt, das Nest zu verlassen und erwachsen zu werden, wild mit den Flügeln zu schlagen, zu fliegen und abzustürzen … und es zu überleben, um hinterher darüber sprechen zu können."

Neben den 16 Tracks der Deluxe Edition sind auf *Taylor's Version* sechs bis dato unveröffentlichte Songs zu hören, zwei davon mit den Stimmen von Songwritern, die sie zu der Zeit inspirieren: Hayley Williams von Paramore und Fall Out Boy. „Taylor war der erste Mensch in der Branche, mit dem ich befreundet war und außerhalb der Arbeit Zeit verbracht habe", sagt Williams, die bei *Castles Crumbling* singt. „Als *Speak Now* herauskam, habe ich das Album gekauft (wie es sich gehört!), mir das ganze Ding in meinem ersten Auto angehört und dabei stockstill in der Auffahrt gesessen. Es ist aus vielerlei Gründen mein liebstes Album von Taylor Swift."

RED

IHR EINZIGES ECHTES TRENNUNGSALBUM
ERSCHEINUNGSDATUM: 22. OKTOBER 2012

• TRACKLISTE •

1. State of Grace
2. Red
3. Treacherous
4. I Knew You Were Trouble
5. All Too Well
6. 22
7. I Almost Do
8. We Are Never Ever Getting Back Together
9. Stay Stay Stay
10. The Last Time *(featuring Gary Lightbody von Snow Patrol)*

11. Holy Ground
12. Sad Beautiful Tragic
13. The Lucky One
14. Everything Has Changed
15. Starlight
16. Begin Again

DELUXE EDITION

17. The Moment I Knew
18. Come Back … Be Here
19. Girl at Home

REKORDE: *Red* verkauft sich in der ersten Woche 1,2 Millionen Mal und bleibt sieben Wochen auf Platz 1 der *Billboard* 200 Charts. Taylor ist die erste Frau (und folgt als Zweite den Beatles), die diesen Meilenstein mit drei aufeinanderfolgenden Alben schafft.

KREATIVE RICHTUNG: *Red* ahmt die Brüche einer Trennung nach, denn jeder Track hat einen ganz eigenen Sound. Neben Chapman, der ihre ersten drei Alben produziert hat, holt die 21-Jährige Hitproduzenten aus unterschiedlichsten Genres hinzu, wie Max Martin und Shellback (Pop), Butch Walker (Rock, Pop-Punk) und Dan Wilson von Semisonic (Alternative Rock), um ihre Country-Wurzeln mit deren musikalischen Richtungen zu verschmelzen. Das Ergebnis ist ein konsequenter, eingängiger Sound.

Der zweijährige Prozess von *Red* beginnt zunächst nur mit Taylor und Chapman. Als sie genug Songs aufgenommen haben, unterrichtet Labelchef Scott Borchetta sie, dass das Album fertig sei. Taylor ist anderer Meinung und erklärt *Yahoo! Music*: „Weil es das vierte Album ist. Beim vierten Album hat man zwei Möglichkeiten: Entweder lässt man alles beim Alten und bildet ein Muster aus, bei dem man immer alles nach Schema F macht, oder man löst sich davon und verlässt die Komfortzone."

Wie ordnet sie jedem Song sein jeweiliges Genre zu? „Wie hat es sich angefühlt, als ich den Song geschrieben habe?", fragt sich Taylor jedes Mal. „Und die Antwort entscheidet darüber, wie der Track klingt und wie sich meine Vocals anhören müssen", erklärt sie gegenüber *Billboard*.

WAHNSINN MIT SYSTEM: Taylor stellt die Trackliste von *Red* sehr sorgfältig zusammen und packt mit *State of Grace* und *Begin Again* zwei Songs an den Anfang und das Ende des Albums, die „eine wichtige und irgendwie toxische Beziehung" behandeln, verrät sie *Billboard*. „Ich stelle nie gern zwei fröhliche oder zwei ähnlich traurige Songs hintereinander. Es geht darum, einen Flow herzustellen und es immer wieder zu spielen, bis es so klingt, als wäre das die Reihenfolge der Dinge. Es ist eine Frage des Bauchgefühls."

DIE MUSE: Mindestens fünf der Songs auf *Red* behandeln mutmaßlich ihre kurze Romanze mit Jake Gyllenhaal, die von Oktober 2010 bis Januar 2011 dauert, einschließlich des Titelsongs *Red*, *State of Grace* und der Klavierballade *The Moment I Knew* über Taylors Freund, der nicht zu ihrer Geburtstagsfeier kommt. Die gleiche schlechte Erfahrung verarbeitet sie gründlichst in der zehnminütigen Version von *All Too Well*. Falls noch ein Zweifel bestehen sollte, wer als Inspiration für die erste Single *We Are Never Ever Getting Back Together Again* gedient hat, versteckt Taylor mehrere Easter Eggs im Musikvideo zum Song. Der Schauspieler, der ihren Ex spielt, ist nicht nur Jakes Ebenbild, sondern in einer Szene legt er ihr auch einen Schal um den Hals – ein Fingerzeig auf das herbstliche Accessoire, das Taylor bekanntermaßen in *All Too Well* bei seiner Schwester vergisst.

Natürlich erwähnt sie Jake niemals namentlich. Aber sie leugnet auch niemals seinen Einfluss. Sie sagt dem Magazin *New York* 2013, dass der geheimnisvolle Mann ihr einen Friedenszweig gereicht habe. „Der Kerl, um den es in den meisten Songs auf *Red* geht, hat sich gemeldet. Er sagte: ‚Hey, ich habe mir gerade das Album angehört und es war eine echt bittersüße Erfahrung für mich. Es war so, als würde ich ein Fotoalbum durchblättern.' Das war schön … Es ist ein viel reiferer Blick auf eine Liebe, die wunderbar war, bis alles schrecklich wurde und beide Beteiligten verletzt hat – aber eine dieser beiden war zufällig Songwriterin."

Eine weitere kurzlebige Romanze, die Stoff für *Red* liefert, ist Taylors Sommeraffäre mit Conor Kennedy in Hyannis Port, Massachusetts, wo seine berühmte Familie ein Anwesen und seine Freundin das Haus nebenan besitzt. Es ist aber nicht der 18-jährige Spross des Kennedy-Clans, den Taylor in *Starlight* verewigt – sondern seine Großeltern Ethel und Senator Robert Kennedy (der Bruder von Präsident John F. Kennedy). Es stellt sich heraus, dass Taylor vor ihrer Begegnung mit Conor Schwarzweißfotos aus den 1940er-Jahren gesehen hatte und von einem jungen tanzenden Paar verzaubert war: Ethel und Bobby. „Ich dachte sofort, wie viel Spaß sie an dem Abend gehabt haben müssen."

TRACK 5: Der erste Song, den Taylor für *Red* schreibt – *All Too Well* –, entwickelt ein Eigenleben. Seine Kraft ist sofort spürbar, als sie ihn spontan während eines Soundchecks auf der *Speak Now*-Welttournee schreibt. „Ich habe einfach angefangen zu singen, Gitarrenriffs zu spielen und aus dem Stegreif dieses Lied zu komponieren, das mehr oder weniger *All Too Well* war", berichtet sie im Podcast

500 *Greatest Albums* des *Rolling Stone.* „Es war buchstäblich dieser Song, nur dass er wahrscheinlich sieben Strophen mehr hatte ... und das F***-Wort darin vorkam." Außerdem ist er zehn Minuten lang. Mit Unterstützung ihrer Songwriting-Partnerin Liz Rose kürzt Taylor ihn auf gut die Hälfte.

Als sie fast ein Jahrzehnt später *Red* neu aufnimmt, leugnet Jake interessanterweise, dass *All Too Well* irgendetwas mit ihm zu tun hat. „Es geht um ihre Beziehung zu ihren Fans", sagt er dem *Esquire.* „Es ist ihre Ausdrucksform. Künstler lassen sich von ihren persönlichen Erfahrungen inspirieren. Und das nehme ich niemandem übel."

NEVER EVER: Taylors Monolog in der Überleitung von *We Are Never Ever Getting Back Together Again* dient als Inspiration für den Song. Als sie mit Max Martin und Shellback im Studio arbeitet, kommt das Gespräch auf ihren Ex „und ich habe diese Tirade losgelassen, wie ‚Wir kommen nie wieder zusammen. Nie wieder. Never ever'", erinnert sie sich gegenüber *Yahoo! Music.* Glücklicherweise hat es jemand als Sprachnotiz auf dem Handy gespeichert, sodass Taylor den Moment in der Aufnahmekabine leicht auferstehen lassen kann.

TRAURIGKEIT IN ALLEN NUANCEN: Obwohl *Red* „reinen, absoluten, alles durchdringenden Herzschmerz" zum Thema hat, ist das Album alles andere als eine Sammlung von Stimmungskillern. Die Songs sind aus einem breiten Spektrum von Emotionen heraus entstanden, was sich in ihrem Sound widerspiegelt. „An einem Ende des Spektrums hat man *Sad Beautiful Tragic*, einen Trennungssong in Form eines Trauermarschs", sagt sie *Billboard.* „Dann aber auch *Never Ever Getting Back Together Again*, was ein Trennungssong ist, der nach einer Parade klingt."

TAYLORS TROPHÄEN: Das Album *Red* gewinnt bei den American Music Awards, *Billboard* Music Awards und Academy of Country Music Awards, geht aber bei den Grammys 2014 leer aus. Taylor ist so enttäuscht, als sie in der Kategorie

„Album of the Year" (die an *Random Access Memories* von Daft Punk geht) unter-
liegt, dass sie sich die After-Show-Party schenkt. „Ich bin nach Hause gegangen,
habe ein bisschen geweint und mir was von In-N-Out Burger geholt und viel
gegessen", lacht sie auf MTV News.

TAYLOR'S VERSION: Neun Jahre nachdem das Album die Fans erstmals auf
eine emotionale Achterbahnfahrt schickt, erscheint *Red* am 12. November 2021
zum zweiten Mal – und diesmal noch größer und kühner. Auf der Neuaufnahme
sind unter den 30 Tracks Taylors Versionen von zwei Songs zu hören, die sie für
andere Country-Künstler geschrieben hat – *Better Man* (Little Big Town) und *Babe*
(Sugarland) –, sowie sechs weitere unveröffentlichte Songs und natürlich die
ungekürzte Originalfassung von *All Too Well*. Die zehnminütige Ballade hat sich
ihre 15 Minuten zwischen Liveauftritten bei *Saturday Night Live* und der Grammy-
Verleihung 2022 und dem Kurzfilm *All Too Well: The Short Film* mit Sadie Sink und
Dylan O'Brien in den Hauptrollen redlich verdient. Der melodramatische Liebes-
kurzfilm unter Taylors Regie wird beim Tribeca Film Festival gezeigt und verdient
sich die Anerkennung der Hollywood Critics Association, der Recording Academy
und MTV.

Die schmerzliche Zeit noch einmal zu durchleben, ist für Taylor heilsam.
„Musikalisch und textlich ähnelte *Red* einem Menschen mit gebrochenem
Herzen", schreibt sie auf Social Media. „Es war chaotisch, ein kleinteiliges Mosaik
von Gefühlen, die am Ende irgendwie alle zusammenpassten. Glücklich, frei, ver-
wirrt, einsam, verzweifelt, euphorisch, wild und voller quälender Erinnerungen
an früher. Ich ging ins Studio und experimentierte mit verschiedenen Sounds und
Mitwirkenden, so als würde ich Teile eines neuen Lebens anprobieren. Ich weiß
nicht, ob es daran lag, dass meine Gedanken in dieses Album geflossen sind, ob
es eure Stimmen waren, die mir die Texte zu Tausenden leidenschaftlich vor-
gesungen haben, oder es einfach nur die Zeit war, aber irgendetwas ist auf dem
Weg in mir geheilt."

MITGLIED DER HALL OF FAME

Fast zwei Jahrzehnte nachdem sie und Taylor gemeinsam den ersten Song geschrieben haben, wird Liz Rose 2023 in die Songwriters Hall of Fame aufgenommen, neben Größen wie Mariah Carey, Tom Petty, Baby Face oder Annie Lennox. In ihrer Dankesrede lässt sie die Künstler und Künstlerinnen Revue passieren, die der fast 40-jährigen alleinerziehenden Mutter eine Chance gaben, insbesondere die 14-jährige Taylor. „Alle haben mich ausgelacht und gesagt: ‚Was machst du bloß?' Und ich sagte: ‚Ich weiß nicht, aber es ist das Leichteste, was ich in der ganzen Woche mache. Es ist mein dritter Song an dem Tag und wir brauchen anderthalb Stunden für einen Song.' Warum sollte ich das nicht machen?"

1989

EIN POPSTAR IST GEBOREN

ERSCHEINUNGSDATUM: 27. OKTOBER 2014

• TRACKLISTE •

1. Welcome to New York
2. Blank Space
3. Style
4. Out of the Woods
5. All You Had to Do Was Stay
6. Shake It Off
7. I Wish You Would
8. Bad Blood
9. Wildest Dreams

10. How You Get the Girl
11. This Love
12. I Know Places
13. Clean

DELUXE EDITION

14. Wonderland
15. You Are in Love
16. New Romantics

REKORDE: Mit *1989* schafft es Taylor als erster Mensch, von drei Alben in der ersten Woche nach Erscheinen jeweils 1 Million Exemplare zu verkaufen.

KREATIVE RICHTUNG: Taylor lässt sich von ihrem Geburtsjahr inspirieren und sieht ihr fünftes Album – und ihren ersten offiziellen Ausflug in das Pop-Genre – fast ein Jahrzehnt nach ihrem Country-Debüt als künstlerische Wiedergeburt. Der Mix aus Synthie-Pop und elektronischer Popmusik ist stark von den Hitlieferanten ihrer Kindheit beeinflusst: Madonna, Annie Lennox, Phil Collins und Peter Murphy. „Ich habe viel Popmusik aus den späten 8oer-Jahren gehört … Und mir hat gefallen, welche Risiken sie eingegangen sind, wie mutig die Musik war", erklärt sie im August 2015 in einem Livestream auf ABC News zur Vorstellung ihrer ersten Single-Auskopplung *Shake It Off*. „Es war anscheinend eine Zeit grenzenlosen Potenzials, die Vorstellung, dass man machen kann, was man will, sein kann, wer man möchte ... die Vorstellung grenzenloser Möglichkeiten war in den letzten zwei Jahren meines Lebens irgendwie ein Leitthema."

Für ihren neuen Soundtrack verpflichtet sie ein Songwriting-Team, das ein Hitgarant ist, einschließlich des Bleachers-Sängers Jack Antonoff, Ryan Tedder von OneRepublic und des schwedischen Produzenten Max Martin, der mit seinem sicheren Händchen zwei Dutzend Nummer-eins-Hits in den *Billboard* Hot 100 Charts landet – drei davon mit Taylor (*Shake It Off*, *Blank Space* und *Bad Blood*). Bis zum Ende der *1989*-Ära verkauft sich das Album weltweit 10 Millionen Mal und wird bei der Grammy-Verleihung als „Album of the Year" und bei den American Music Awards als „Favorite Pop/Rock Album" ausgezeichnet.

COVERSTORY: Als Fingerzeig auf die vorherrschende Achtziger-Nostalgie zeigt das Coverbild von *1989* eine Polaroid-Aufnahme von Taylor – bei der die obere Hälfte ihres berühmten Gesichts außerhalb des Bilds liegt. „Ich wollte einen Hauch von Geheimnis haben", erklärt Taylor gegenüber *TIME*. „Ich wollte nicht, dass die Leute die emotionale DNA dieses Albums kennen. Ich wollte nicht, dass sie ein lächelndes Gesicht auf dem Cover sehen und denken, dass das ein fröhliches Album ist, oder dass sie einen traurigen Gesichtsausdruck sehen und sich sagen, dass das noch ein Album voller Trennungssongs ist."

DIE MUSE: Nachdem sie erlebt hat, welchen Medienrummel ihre gescheiterte Liebesbeziehung zu Jake Gyllenhaal während der *Red*-Ära auslöst, schwört Taylor sich, den Medien in Interviews nie mehr Stoff für weitere Geschichten zu liefern: Reden ist Silber, Schweigen ist Gold. Stattdessen verarbeitet sie die Trennung von Harry Styles in den Texten von mindestens sieben Songs auf *1989*. Der Song *Style* ist der offensichtlichste Fingerzeig auf den One-Direction-Sänger und sinniert über ihre kurze Romanze vor ihrer Trennung im Januar 2013.

Für ihren Nummer-eins-Hit *Bad Blood* liefert ein anderer Popstar die Inspiration: Katy Perry. Die beiden kommen gut miteinander aus, bis die Brünette „etwas wirklich Schreckliches machte", verrät Taylor dem *Rolling Stone*. „Grob gesagt, hat sie versucht, eine ganze Stadiontour zu sabotieren. Sie hat versucht, mir eine ganze Reihe von Leuten abzuwerben." Taylor bekommt ihre Rache, als der Song auf Platz 1 einsteigt, auch dank eines aufwendigen Videos mit Gastauftritten ihrer echten Freunde, einschließlich Selena Gomez, Zendaya, Cara Delevingne, Hayley Williams von Paramore und Jessica Alba.

TRACK 5: Es wird angenommen, dass noch ein weiterer Song Harry zum Thema hat: *All You Had to Do Was Stay*. Der Song wird nur wenige Tage nach ihrer Trennung aufgenommen und er richtet sich an einen unentschlossenen Ex. Taylor betrauert darin, was hätte sein können. Die Idee kommt ihr in einem Traum, in dem der oben genannte frühere Lover vor ihrer Tür steht. „Ich öffne die Tür und will gerade genau das Richtige sagen", erinnert sie sich in einem Interview mit *GQ*. „Aber stattdessen kommt nur dieser Chor schriller Stimmen aus meinem Mund, der ‚Stay' (Bleib) ruft!"

STREAM-QUEEN: Acht Monate nach Erscheinen von *1989* verkündet Taylor, dass sie das Album von Apple Music herunternimmt, und begründet diese Entscheidung mit der neuen Politik des Unternehmens, den Künstlern während einer dreimonatigen Probephase keine Tantiemen zu zahlen. „Wir bitten euch nicht um kostenlose iPhones", schreibt sie in einem offenen Brief mit dem Titel „An Apple, mit lieben Grüßen von Taylor". „Bitten Sie uns nicht, Ihnen unsere Musik unentgeltlich zu überlassen." Apple knickt innerhalb weniger Stunden ein und stimmt zu, „immer sicherzustellen, dass die Künstler entlohnt werden".

WELTTOURNEE: Im Mai 2015 gibt Taylor in Tokio das Auftaktkonzert ihrer Promo-Tour rund um die Welt, die sie in sieben Monaten mit 85 Stationen über vier Kontinente führen wird. Sie bekommt Unterstützung von einigen der berühmtes-

ten Musiker der Welt, die bei ihren größten Hits mit dem Weltstar zusammenar-
beiten: Justin Timberlake (*Mirrors*), Mick Jagger (*Satisfaction*), Lorde (*Royals*), Avril
Lavigne (*Complicated*). Berichten zufolge spielt die *1989*-Welttournee 250 Millionen
US-Dollar ein und ist die Tour mit dem höchsten Bruttoerlös 2015.

COVER-ALBUM: Für Taylor ist das aufrichtigste Kompliment, dass Singer-
Songwriter Ryan Adams 2015 das Album *1989* Track für Track aufnimmt. Ryans
Version – zu der ihn die Scheidung von seiner Frau Mandy Moore inspiriert –
besteht nicht aus reinen Cover-Versionen, sondern „er hat meine Songs neu
interpretiert … Das Album hat diese wunderschöne, schmerzliche Traurigkeit
und Sehnsucht, die dem Original fehlen." Interessanterweise steigt Ryans Inter-
pretation von *1989* einen Platz höher in die *Billboard* 200 Charts ein als Taylors
Original. Das sorgt aber nicht für Verstimmung: Auf der *1989*-Welttournee arbeitet sie einige seiner Melodien in ihre Live-Auftritte ein.

TAYLOR'S VERSION: Auf den Tag genau neun Jahre nach ihrem offiziellen
Popmusik-Debüt gibt Taylor am 27. Oktober 2023 mit ihrem Lieblingsalbum in
der Reihe *Taylor's Version* eine Zugabe. „Ich wurde 1989 geboren, ich habe mich
2014 zum ersten Mal neu erfunden und 2023 hole ich mir mit der Veröffentlichung
dieses Albums, das ich so sehr liebe, einen Teil von mir zurück", freut sich Taylor
in einer handschriftlichen Notiz auf Social Media. „In meinen kühnsten Träumen
hätte ich mir niemals vorgestellt, über welch langen Zeitraum du mein Leben mit
Feenstaub besprenkeln würdest."

Fans und Kritiker sind gleichermaßen von *1989 (Taylor's Version)* begeistert.
Die 21 Tracks, einschließlich fünf bis dato unveröffentlichter Songs, brechen
2023 mit 176 Millionen Streams an einem einzigen Tag den Spotify-Rekord. Die
Neuaufnahme von *1989* steigt auf Platz 1 in die *Billboard* 200 Charts ein und wird
Taylors 13. Nummer-eins-Album – und übertrifft das Original bei den Verkaufs-
zahlen in einer einzigen Woche.

REPUTATION

TAYLORS GEGENDARSTELLUNG

ERSCHEINUNGSDATUM: 10. NOVEMBER 2017

• TRACKLISTE •

1. ... Ready for It?

2. End Game
   (featuring Ed Sheeran und Future)

3. I Did Something Bad

4. Don't Blame Me

5. Delicate

6. Look What You Made Me Do

7. So It Goes ...

8. Gorgeous

9. Getaway Car

10. King of My Heart

11. Dancing With Our Hands Tied

12. Dress

13. This Is Why We Can't Have Nice Things

14. Call It What You Want

15. New Year's Day

REKORDE: Die erste Single *Look What You Made Me Do* verbucht auf Spotify die meisten Aufrufe an einem Tag (8 Millionen). Das Musikvideo zum Song unter der Regie von Joseph Kahn bricht mit 43,2 Millionen ebenfalls den YouTube-Rekord für die meisten Aufrufe in den ersten 24 Stunden.

KREATIVE RICHTUNG: Als sich Taylor hinsetzt, um nach dem #TaylorSwift-IsOverParty-Debakel ihr sechstes Album zu schreiben, kommt ihr ein Wort immer wieder in den Sinn: *Reputation* (Ruf). Sie schreibt 15 Tracks, die das in den Medien verzerrte Bild von ihr richtigstellen. Als Gegenentwurf zu *1989* setzt *Reputation* auf elektronische Popmusik mit Synthesizern und programmierten Drum Machines. „Ich wollte wirklich keine traditionellen akustischen Instrumente

– oder so wenig wie möglich", erklärt Taylor dem *Rolling Stone*. „Ich habe an alte verlassene Lagerhallen und Fabrikgebäude und Industrielandschaften gedacht. Ich wollte nicht, dass die Produktion irgendwie hölzern klingt."

Auf dem Papier klingt *Reputation* wie eine dunkle, wütende Reaktion darauf, gecancelt worden zu sein. Aber das ist eine Ködertaktik, wie Taylor betont, die sich stark von *Game of Thrones* hat inspirieren lassen. „Es war eine Liebesgeschichte mitten im Chaos", insbesondere in *Delicate*, *Dress*, *Call It What You Want* und *New Year's Day*. „Draußen liefen all diese metallischen, zur Waffe mutierten Schlachthymnen. Von meinem Fenster aus konnte ich die Schlacht verfolgen, die da draußen tobte. Und dann war da meine Welt – meine plötzlich stille, gemütliche Welt, in der ich zum ersten Mal den Ton angab … Es ist seltsam, weil ich in einigen der schwersten Zeiten meiner Karriere mit dem vermutlich schlimmsten Ruf einige der schönsten Momente erlebt habe – in meinem ruhigen Leben, das ich in dem Moment gewählt habe."

COVERSTORY: Die Modefotografen Mert und Marcus – die Kate Moss zum 60. Geburtstag des *Playboy* ablichteten – fangen das Schwarzweißporträt von Taylor mit dunklem Lippenstift und abgerocktem T-Shirt inmitten von Zeitungsüberschriften ein, die alle über sie berichten. „Sie hat ein unglaubliches Auge für die Fotografie", sagt Mert Ala über ihr „äußerst kooperatives" Fotosubjekt. „Ich mag es, wenn jemand eine Meinung und einen Standpunkt hat, und Taylor hatte eine erstaunliche Sicht. Wir hatten vor dem Fotoshooting viele verschiedene Ideen und am Tag selbst haben wir dann alles über den Haufen geworfen und gesagt: ‚Wir sollten das machen oder vielleicht lieber jenes.' Es ist zu 100 Prozent das Ergebnis unserer gemeinsamen Arbeit. Sie ist echt cool."

DIE MUSE: Obwohl ihre Fehde mit Kanye West die Idee für *Reputation* liefert, widmet Taylor dem Rapper, abgesehen von der ersten Single *Look What You Made Me Do* und dem weniger offensichtlichen Song *This Is Why We Can't Have Nice Things*, wenig Zeit. Bei einer Release Party von iHeartRadio gibt sie etwas mehr Einblick in die Bedeutung des letztgenannten Titels. „Es geht um Leute, die schöne Dinge für selbstverständlich halten. Wie Freundschaft, das Vertrauen anderer Menschen oder Offenheit oder was auch immer. Menschen in dein Leben zu lassen, anderen Menschen zu vertrauen, Respekt – das sind alles sehr schöne Dinge.“

In ihrem Liebesleben tröstet sie sich nach einer bitteren Trennung von Calvin Harris mit dem aus *Thor* bekannten Schauspieler Tom Hiddleston und dokumentiert ihr ungewöhnliches Verhältnis in *Getaway Car*. Als die Liebelei abflaut, trifft Taylor bei der Met Gala 2016 den britischen Schauspieler Joe Alwyn – was niemand weiß, bis sie den Moment später in *Dress* aufleben lässt und erzählt, dass seine Haare (für eine Rolle in *Die irre Heldentour des Billy Lynn*) zum Buzz Cut rasiert und ihre gebleicht waren. Ihre Beziehung, die ein gutes Jahr vor der Veröffentlichung von *Reputation* beginnt, dient auch als Inspiration für *Gorgeous*, *King of My Heart*, *Call It What You Want*, *New Year's Day* und …

TRACK 5: Zu einer Zeit, als Taylors Ruf den Tiefpunkt erreicht hat, verliebt sie sich in Joe. Der Beginn ihrer Liebesgeschichte fällt in die bisher chaotischste Phase ihres Lebens, was sie besonders verletzlich (*Delicate*) macht. Sie erklärt, dass der Songtext ihre Sorge ausdrückt, dass „jemand, den man wirklich gern in seinem Leben haben möchte, vielleicht unvorteilhafte Dinge über dich gehört hat“. „Kann etwas Unwirkliches, wie der eigene Ruf, etwas Reales, wie das Kennenlernen eines anderen Menschen, beeinflussen? Man fängt an, sich zu fragen, inwiefern es eine Rolle spielt. Es ist der erste verletzliche Moment des Albums, wo man sich irgendwie sagt: ‚Hm, vielleicht ist es doch wichtig.‘ Und dann hinterfragt man die Wirklichkeit und Wahrnehmung des Rufs und wie viel Gewicht er eigentlich hat. Deshalb heißt der Song *Delicate*.“

Das Musikvideo zu diesem Track 5, bei dem Joseph Kahn Regie führt, mit dem sie oft zusammenarbeitet, zeigt Taylors Wunsch, die Beziehung unter den Argusaugen der Welt zu pflegen. Nachdem sie eine Zaubernachricht erhält, wird sie unsichtbar, was sie feiert, indem sie barfuß und ohne Leibwächter durch Downtown Los Angeles tanzt. Am Ende des Videos erreicht sie die Spelunke, die im Songtext erwähnt wird. Sie ist jetzt sichtbar, überwindet aber alle Ängste, als sie im Gedränge Blickkontakt mit ihrem Freund aufnimmt.

KEINE PRESSE ERLAUBT: *Reputation* ist das erste Album, für das Taylor keine Medienarbeit macht. Stattdessen verlässt sie sich auf ihre enorme Reichweite in den sozialen Netzwerken und natürlich ihre treue Fangemeinde weltweit. Sie sind diejenigen, die das Album zuerst hören, nicht die Kritiker. Taylor organisiert heimliche Wohnzimmerkonzerte in ihren Häusern in Los Angeles, Nashville, London und Rhode Island, zu denen sie 500 Leute einlädt, um sich *Reputation* anzuhören und von der Künstlerin selbst zu hören, wie das Album entstanden ist. „Es ist seltsam, weil es das Album ist, das am erklärungsbedürftigsten ist und über das ich trotzdem nicht gesprochen habe. Bei den Secret Sessions zu *Reputation* musste ich es irgendwie meinen Fans erläutern. ‚Ich weiß, dass wir hier etwas Neues machen, das wir noch nie gemacht haben.'"

CHART-INFARKT: *Reputation* geht sofort auf Platz 1 und bleibt dort vier Wochen lang. Obwohl das Album erst sieben Wochen vor Jahresende erscheint, ist es das meistverkaufte Album des Jahres 2017 (4,5 Millionen).

TRANSFORMATIVE TOUR: Trotz des schweren Themas des Albums versetzt die *Reputation*-Stadiontour Taylor „in den gesündesten, ausgewogensten Zustand, den ich je hatte", erzählt sie 2019 dem *Rolling Stone*. Die Tour lässt sie als Mensch wachsen – was ihr die Kraft gibt, um ihre Rechte an ihren sechs Alben gegen Scott Borchetta und Big Machine zu kämpfen.

LOVER

ODE AN DIE LIEBE

ERSCHEINUNGSDATUM: 23. AUGUST 2019

• TRACKLISTE •

1. I Forgot That You Existed
2. Cruel Summer
3. Lover
4. The Man
5. The Archer
6. I Think He Knows
7. Miss Americana & the Heartbreak Prince
8. Paper Rings
9. Cornelia Street
10. Death by a Thousand Cuts
11. London Boy
12. Soon You'll Get Better *(featuring The Chicks)*
13. False God
14. You Need to Calm Down
15. Afterglow
16. ME! *(featuring Brendon Urie von Panic! at the Disco)*
17. It's Nice to Have a Friend
18. Daylight

REKORDE: In der ersten Woche verkauft *Lover* 867.000 Albumäquivalente – mehr als die anderen 199 Alben in den *Billboard* 200 Charts zusammen. Es ist auch 2019 das einzige Album, das sich millionenfach verkauft. Alle 18 Tracks auf *Lover* sind gleichzeitig in den Charts, was den Rekord bei den weiblichen Künstlerinnen bricht.

KREATIVE RICHTUNG: Nach der „düsteren, vollsumpfigen und unheimlichen" Ära von *Reputation* tritt Taylor mit ihrem siebten Album ins Licht. Ästhetisch betrachtet, ist es „sehr hell, sonnenbeschienene Felder", erzählt sie den Fans beim „Lover's Lounge"-Promo-Event. „Ich habe die Musik aus einer viel offeneren, freieren, romantischeren und schrulligeren Stimmung heraus geschrieben." Aber nur weil das Album *Lover* heißt, bedeutet das noch lange nicht, dass alles eitel Sonnenschein ist. Die 18 Songs – die längste Trackliste in ihrer Diskografie – erzählen von der Liebe, aber „in all ihrer unerträglichen, leidenschaftlichen, spannenden, bezaubernden, schrecklichen, tragischen, wunderbaren Schönheit".

Als ihre erste Veröffentlichung unter dem neuen Label Republic Records nach einer unschönen Trennung von Big Machine gilt *Lover* als „Neuanfang" mit einem entsprechend frischen Sound. Aber es bleiben Spuren der „alten Taylor", die sie bekanntermaßen in *Look What You Made Me Do* beerdigt hat. „Ich glaube, ich habe mich kreativ nie stärker mit meinem alten Ich auseinandergesetzt als auf diesem Album, das sehr, sehr autobiografisch ist", erzählt sie dem *Rolling Stone*. „Aber es enthält auch extrem eingängige Momente und sehr persönliche Geständnisse."

COVERSTORY: Die Romantik von *Lover* wird von der damals 24-jährigen Fotocollagen-Künstlerin Valheria Rocha eingefangen, deren lebendig-eigenwilliger Stil für ein Pinterest-Moodboard bestimmt ist – und sinnbildlich für Taylors neue Ära steht. „Ich habe die Welt immer schon durch eine glitzernde, schillernde und pastellfarbene Brille mit Sternchen, Herzchen und Einhörnern gesehen", sagt Rocha, die aus Kolumbien stammt, gegenüber *Billboard*. „Ich habe immer die gleichen Dinge gemocht, und man sieht es, wenn man in meiner Arbeit weit zurückgeht. Die Romantik und das Licht sind durchgängig gleich geblieben … Man hat mir immer gesagt, dass meine Arbeit den Menschen ein gutes Gefühl gibt, und mir gibt sie auch ein gutes Gefühl. Deswegen sieht das Bild für mich so aus, wie *Lover* klingt."

DIE MUSE: Es überrascht nicht sonderlich, dass Taylors damaliger Freund Joe Alwyn die Inspiration für die meisten Songs auf *Lover* liefert. Ihr ist nur allzu bewusst, dass Fans und Kritiker gleichermaßen die Songtexte auseinandernehmen werden, um auch nur den kleinsten Hinweis auf ihre Beziehung zu entdecken, zum Beispiel ob sie zusammenziehen werden (*Lover*) oder womöglich die Hochzeitsglocken läuten (*Paper Rings*). Für Taylor aber ist es eine Möglichkeit, das Narrativ selbst zu schreiben. „Über etwas zu singen hilft dir, es auf eine Weise auszudrücken, die sich genauer anfühlt", verrät sie dem *Rolling Stone*. „Ganz egal, wie man es anstellt, kann man Wörter nicht in ein Zitat packen und Menschen damit genauso bewegen, wie wenn dieselben Wörter mit der perfekten Vertonung dieses Gefühls empfunden werden … Da besteht dieser seltsame Konflikt, dass ich einerseits als Songwriterin Dinge von mir preisgebe und mein Leben andererseits vor zehn Jahren in dieses seltsame Popkulturding katapultiert wurde."

Es geht aber nicht nur um Joe. Taylor schreibt auch einen Liebesbrief an ihre Mutter Andrea, die mit einer Krebserkrankung kämpft. Es war „wirklich, wirklich schwer", *Soon You'll Get Better* zu schreiben, und es ist letztlich eine Familienentscheidung, ob ein so persönlicher Song auf das Album kommen soll. Ein anderer Song, *You Need to Calm Down*, ist eine Ode an die LGBTQ+-Community. „Der Song handelt unter anderem davon, dass manche Menschen nur wegen derjenigen oder demjenigen, die oder sie lieben, nicht frei von Diskriminierung leben dürfen", schreibt Taylor.

TRACK 5: Taylor und ihr Co-Songwriter Jack Antonoff brauchen nur 20 Minuten, um Track 5, *The Archer*, zu schreiben. In der nachdenklichen Ballade gesteht Taylor Fehler ein, die sie in ihren früheren Beziehungen gemacht hat: Sie ist diejenige mit Pfeil und Bogen, ihre Ex-Freunde sind die „Beute". Das Bild spielt auch mit ihrem Sternzeichen Schütze, der als mythisches Fabelwesen dargestellt wird, das halb Mensch und halb Pferd ist.

LICHT IN DER DUNKELHEIT: Taylor ist so entschlossen, das genaue Gegenteil der *Reputation*-Ära zu schaffen, dass sie das nächste Album beinah nach dessen Schlusstrack *Daylight* benannt hätte. „Ich dachte, es ist doch ein bisschen zu sentimental … viel zu naheliegend", erklärt sie dem *Rolling Stone*. „Ich habe das Album eine Weile im Kopf *Daylight* genannt. Aber für mich war *Lover* der interessantere Titel."

BESSER ZWEI ALS EINS: Vor der Neuaufnahme der *Taylor's Versions* gibt es auf ihren Alben nur eine Handvoll Duette, insbesondere mit Ed Sheeran auf *Everything Has Changed* und *End Game* (auch unter Mitwirkung von Future). Aber als Taylor den Refrain von *ME!* – der ersten Single auf *Lover* – schreibt, „merkte ich: ‚Das ist definitiv ein Duett, weil es sich so anfühlt, als ob man beide Seiten hören möchte'", sagt sie auf Instagram Live. „Es geht um Individualität und Selbstvertrauen in einer Beziehung, also ‚Du bist unersetzbar. Ich bin unersetzbar. Es besteht kein Grund für Unsicherheit.'"

Ihr Traumpartner ist einer ihrer Lieblingsmusiker und -songwriter, nämlich Brendon Urie, der Frontmann von Panic! at the Disco. Sie schickt ihm sofort, was sie hat, mit einer dringenden Bitte. „Wir müssen das zusammen fertig schreiben. Ich habe keine Bridge, mir fehlen ein paar andere Teile." Von dem Moment an „ging es mir nicht mehr aus dem Kopf", erinnert sich Brendon. Aber als er und Taylor einen Monat später an dem Song arbeiten wollen, „wachte ich morgens mit 40,6 Grad Fieber auf. Es war beängstigend. Ich hatte keine Stimme." Er erlebt jedoch eine Wunderheilung, als er ins Studio kommt und die bekannt affektierte Überleitung für *ME!* schreibt. „Er kam rein und fing an zu singen: ‚Girl, there ain't no ‚I' in team'", erinnert sich Taylor auf Instagram Live.

CITY OF LOVER: Bevor die Covid-19-Pandemic Taylors Pläne für ihre *Lover Fest*-Welttournee durchkreuzt, spielt sie am 9. September 2019 ein einziges Konzert in Paris. Die 2000 Fans, die den Auftritt im Konzertsaal L'Olympia sehen, haben einen Online-Wettbewerb gewonnen und kommen aus 37 Ländern weltweit. Nach der offiziellen Verschiebung von *Lover Fest* bringt der Fernsehsender ABC am 15. Mai 2020 eine Kurzfassung dieses Konzerts unter dem Titel *Taylor Swift: City of Love* als Special und am Tag darauf wird der Konzertfilm auf Hulu und Disney+ zum Streaming zur Verfügung gestellt.

folklore

FLUCHT VOR DEM LOCKDOWN IN DIE MUSIK
ERSCHEINUNGSDATUM: 24. JULI 2020

• TRACKLISTE •

1. the 1
2. cardigan
3. the last great american dynasty
4. exile *(featuring Bon Iver)*
5. my tears ricochet
6. mirrorball
7. seven
8. august
9. this is me trying

10. illicit affairs
11. invisible string
12. mad woman
13. epiphany
14. betty
15. peace
16. hoax

DELUXE EDITION

17. the lakes

REKORDE: *folklore* – das sich innerhalb von 24 Stunden 1,3 Millionen Mal verkauft – bricht den Guinness-Weltrekord für die meisten Streams am Tag des Erscheinens (80,6 Millionen auf Spotify) in der Kategorie „Album einer weiblichen Künstlerin" und stellt damit Ariana Grandes *Thank U, Next* in den Schatten.

KREATIVE RICHTUNG: Um sich von Covid-19 abzulenken, verschlingt Taylor Bücher und Filme, von denen sich die meisten „mit der Vergangenheit und einer untergegangenen Welt beschäftigen". Das Konzept beflügelt ihre Kreativität und eröffnet ihr eine Welt wehmütiger Songs, die voller „Realitätsflucht" sind und sich an den neuen Klängen des Folk-Pop und Alternative Rock orientieren. Taylor experimentiert außerdem mit ihrem Songwriting, angefangen bei aussagekräftigen Bildern wie einer „Strickjacke, die noch zwanzig Jahre später den Duft des Verlusts in sich trägt", was ihre erste Single wird (*cardigan*). „Ziemlich schnell bekamen diese Bilder in meinem Kopf Gesichter oder Namen und dann wurden daraus Charaktere", verrät sie in einem Essay auf Social Media. „Ich stellte fest, dass ich nicht nur meine eigenen Geschichten schreibe, sondern auch aus der Perspektive von Menschen, die ich nie getroffen habe, die ich kenne oder die ich lieber nie getroffen hätte."

Das Album *folklore,* das nur elf Monate nach *Lover* herauskommt, soll ursprünglich 2021 erscheinen. Aber ihr Bauchgefühl sagt ihr etwas anderes. Taylor und ihr Team erstellen die Albumverpackung und die Lyric-Videos, rufen dann Republic Records an und verkünden mit einer Woche Vorlauf: „Das ist das, was wir haben." Am 23. Juli postet sie auf Social Media neun Schwarzweißfotos von sich, die zusammen das Cover des Albums ergeben, und verkündet, dass es um Mitternacht erscheint.

COVERSTORY: Bei der Visualisierung des Covers von *folklore* hat Taylor eine ganz klare Vorstellung: „Ein Mädchen, das 1830 in einem Nachthemd durch einen Wald schlafwandelt." Um ihr Moodboard zu realisieren, beauftragt sie Beth Garrabrant, die sich als Fotografin darauf spezialisiert hat, Amerikas Jugend in leuchtenden Farben einzufangen, sich aber zuletzt auf den Schwarzweißfilm verlegt hat – genau das, was die Sängerin für *folklore* möchte. „Wir haben uns die Surrealisten angeschaut, Arbeiten, die mit dem menschlichen Maßstab in der Natur spielen", sagt Garrabrant gegenüber *i-D*. „Wir haben auch das Autochromverfahren, Ambrotypie und Fotogeschichten aus den 1940er-Jahren betrachtet." Wegen der Sicherheit und der Geheimhaltung sind bei dem Outdoor-Fotoshooting in einem Feld nur Taylor (die ihr Haar-Styling und Make-up selbst übernimmt) und Garrabrant dabei. Die Arbeit mit der Fotografin war so ein „Riesenspaß", dass Taylor sie auch für die Cover-Gestaltung der nachfolgenden Alben *Midnights* und *Taylor's Version*s von *Red*, *Speak Now* und *1989* bucht.

DIE MUSE: Erstmals ist Taylors Songwriting weniger persönlich: Auf *folklore* erschafft sie eine fiktive Welt, die sie mit realen Themen und Problemen füllt – junge Liebe, Verrat, Rache –, wobei sie Charakterbögen über mehrere Epochen spannt. Um den Zuhörern die Orientierung zu erleichtern, versteckt sie Easter Eggs in den Texten, die „kartieren, wer über wen singt". Die Haupt-Storyline, die sie als „jugendliche Dreiecksbeziehung" bezeichnet, begleitet Betty, Inez und James (die Namen der Kinder ihrer Freundin Blake Lively) auf der Reise durch ihre sich entfaltenden Emotionen. Die Erzählung beginnt in *cardigan*, wird in *august* fortgesponnen, wo James seine Freundin Betty mit Inez betrügt und sich dann in *betty* bei seiner Freundin entschuldigt.

Das Album erzählt außerdem die Geschichte einer historischen Persönlichkeit, der Partylöwin Rebekah Harkness, die einst die reichste Frau in den USA war. Taylor ist von der exzentrischen Witwe fasziniert, seit sie 2013 deren Anwesen am Meer in Rhode Island gekauft hat. „Sobald ich von ihr erfuhr, wollte ich alles über sie wissen, was verfügbar war. Und so fing ich an, zu lesen", erzählt Taylor *Entertainment Weekly*. „Als sich mehr Parallelen zwischen unseren beiden Leben abzeichneten – die Frau, die auf dem Hügel lebt und über die sich alle das Maul zerreißen –, suchte ich nach einer Gelegenheit, über sie zu schreiben. Und ich habe sie endlich gefunden." Tatsächlich findet sie gleich drei: *the last great american dynasty*, *mad woman* und *epiphany*.

TRACK 5: Der erste Song, den Taylor für *folklore* schreibt, ist *my tears ricochet* und die Inspiration dafür liefert ihre eigene Geschichte: die „schmutzige" Trennung von Scott Borchetta im Jahr 2018 – von dem Mann, der sie als Teenagerin entdeckt und bei seinem Label Big Machine Records unter Vertrag nimmt. Während des Lockdowns sieht sie den Film *Marriage Story* von Noah Baumbach. Die ungeschönte Darstellung des „katastrophalen" Endes einer Beziehung lässt sie ihre eigene Situation wie eine Scheidung sehen. „Plötzlich ist dieser Mensch, dem du mehr als irgendjemandem sonst auf der Welt vertraut hast, auch der Mensch, der dich am schlimmsten verletzen kann", sagt sie gegenüber *Entertainment Weekly*. „Und auf einmal tun die Dinge, die man zusammen durchgemacht hat, weh. Plötzlich ist der Mensch, der dein bester Freund war, dein ärgster Feind."

STUDIOS MIT MINDESTABSTAND: Neben ihrem langjährigen Mitwirkenden Jack Antonoff holt Taylor auch Aaron Dessner, den Gitarristen der Indie-Rockband The National, als Produzenten. Wegen der Covid-19-Pandemie hält das Trio mehr als die vorgeschriebenen 2 Meter Mindestabstand – sie arbeiten in ihren jeweiligen Studios an gegenüberliegenden Küsten: Jack und Aaron sind in New York, während Taylor in ihrem Haus in Los Angeles ihr eigenes Studio „Kitty Committee" baut (das sie nach ihren drei Katzensamtpfoten Meredith, Olivia und Benjamin benennt).

HEIMLICHE AUFNAHMEN: Nur ihre Familie, ihr Freund und ihr Managementteam wissen, dass Taylor ein Album aufnimmt. „Viele Freunde haben mir Textnachrichten geschickt, wie ‚Warum hast du mir bei unseren täglichen Face-Time-Gesprächen nicht gesagt, dass du ein Album machst?'" Selbst bei der Produktion des Videos für *cardigan*, bei dem Taylor Regie führt, setzt sie alles daran, den Song geheim zu halten. Sie trägt Ohrstöpsel und bewegt nur die Lippen zur Musik.

TAYLORS TROPHÄE: *folklore* wird bei den Grammy Awards 2021 als „Album of the Year" ausgezeichnet und bringt Taylor die Ehre ein, als erste Frau den Titel dreimal gewonnen zu haben – im Jahr 2024 hat sie auf vier erhöht und ist der einzige Mensch, dem dies bislang gelungen ist.

evermore

DER LEISE ABSCHLUSS VON FOLKLORE
ERSCHEINUNGSDATUM: 11. DEZEMBER 2020

• TRACKLISTE •

1. willow
2. champagne problems
3. gold rush
4. 'tis the damn season
5. tolerate it
6. no body, no crime
   (featuring HAIM)
7. happiness
8. dorothea
9. coney island
   (featuring The National)

10. ivy
11. cowboy like me
12. long story short
13. marjorie
14. closure
15. evermore *(featuring Bon Iver)*

DELUXE EDITION

16. right where you left me
17. it's time to go

REKORDE: Als *evermore* auf Platz 1 der Charts einsteigt, belegt *folklore* immer noch Platz 3, womit Taylor als erste Frau in der Geschichte gleichzeitig zwei Alben in den Top 3 der *Billboard* 200 hat. Sie bricht außerdem den Guinness-Weltrekord für den kürzesten Abstand (140 Tage) zwischen zwei Alben, die auf Platz 1 einsteigen.

KREATIVE RICHTUNG: Weniger als fünf Monate nach *folklore* hat Taylor mit dem Nachfolgealbum *evermore* aus der Hand des gleichen Songwriting- und Produzententeams (Antonoff und Dessner sowie einige Special Guests) eine weitere Überraschung in petto. „Ganz simpel ausgedrückt, konnten wir einfach nicht aufhören zu schreiben", sagt Taylor. „Wenn ich poetischer sein wollte, würde ich sagen, dass wir sinnbildlich am Rand des Folk-Walds standen und uns entscheiden mussten: umdrehen und dahin zurückkehren, wo wir herkommen, oder weiter in den Wald dieser Musikrichtung vordringen. Wir haben beschlossen, uns weiter in den Wald vorzuwagen …"

Das Album ist stärker das Ergebnis einer Kooperation als sonst bei ihr üblich, denn Dessner und seine Bandkollegen von The National komponieren fast alle Songs für *evermore*, während Taylor natürlich das Texten übernimmt. *evermore* erscheint drei Tage vor ihrem 31. Geburtstag und ist ein Geschenk an ihre Fans. „Ihr wart an meinen Geburtstagen so fürsorglich, unterstützend und aufmerksam, und ich dachte mir, diesmal schenke ich euch etwas! Ich weiß, dass die Feiertage in diesem Jahr für die meisten von uns einsam sein werden. Falls es da draußen Menschen gibt, die wie ich Trost in der Musik suchen, wenn sie liebe Menschen vermissen, dann ist dieses Album für euch."

IDYLLISCHER RAHMEN: Nach der virtuellen Aufnahme von *folklore* reist Taylor zwecks Dreharbeiten für ein Privatkonzert für Disney+ zu Dessners Long Pond Studio, das sich auf seiner ländlichen Familien-Farm aus dem 18. Jahrhundert in Hudson Valley im Bundesstaat New York befindet. Am nächsten Tag stellt sie ihm in der Küche einen Song vor, den sie in der Nacht geschrieben hat. Sie gehen an dem Tag ins Studio – und sind so inspiriert, dass sie weitere Songs schreiben. Schließlich verlängert Taylor ihren Aufenthalt in Long Pond, wo sie mit einer Ausnahme alle Tracks für *evermore* aufnehmen. „Es war verrückt, weil wir uns darauf vorbereiteten, diesen Film zu machen. Und gleichzeitig stapelten sich diese Songs", erinnert sich Dessner im Gespräch mit *Rolling Stone*. „Und so dachten wir uns: ‚Warum bleiben wir nicht einfach hier und arbeiten?'"

DIE MUSE: Der Charakterbogen von *evermore* folgt *dorothea*, die Tupelo und ihre Sandkastenliebe verlässt, um in die Großstadt Los Angeles zu ziehen, und erzählt die Saga aus Sicht ihres Ex in *'tis the damn season*. Taylor hat auch reale Vorlagen aus ihrer eigenen Familiengeschichte: Ihre Großmutter mütterlicherseits steht bei dem Song *marjorie* Pate – der mit *epiphany* auf *folklore*, in dem es um ihren Großvater väterlicherseits (namens Dean) geht, verwandt und außerdem Track 13 ist, also die Glückszahl seiner Enkelin.

Marjorie Finlay war Opernsängerin und eine Inspiration für Taylor, die 2003 in Nashville ihren Träumen nachjagt, als ihre Großmutter stirbt. Auf *evermore* betrauert sie den Verlust und die Beziehung, die sie niemals haben werden. „Ich glaube, eine der schwersten Formen des Kummers ist die Bewältigung des Bedauerns, jemanden in so jungem Alter zu verlieren, da man nie erfahren und voll würdigen kann, wer dieser Mensch wirklich war", erklärt sie Zana Lowe von Apple Music. „Man hat diese Möglichkeit nicht. Ich habe oft den Kleiderschrank meiner Großmutter geöffnet. Sie hatte wunderschöne Kleider aus den Sechzigern. Ich wünschte, ich könnte sie zu jedem fragen, wo sie es getragen hat. Solche Dinge."

TRACK 5: Als Teil des Albumthemas „... leben sie unglücklich bis ans Ende ihrer Tage" ist *tolerate it* die Chronik einer Ehe, die kurz vor dem Scheitern steht und aus Sicht einer missachteten und chronisch leidenden Frau erzählt wird. Warum wählt sie diesen Song als Track 5? „Wegen des Texts ... weil er so bildlich ist und so eine besondere Art der Verletztheit ausdrückt." Dessner komponiert die Klavierspur, aber in einem unregelmäßigen Takt, der seiner Meinung nach für Taylor zu experimentell sein könnte. „Vor ihrem inneren Auge entstand ein Bild", erklärt er dem *Rolling Stone*, „und dann schrieb sie diesen umwerfend schönen Song und schickte ihn mir zurück. Ich glaube, ich habe geweint, als ich ihn das erste Mal gehört habe."

MEHR ALS EIN TREND DER NEUNZIGER: Von hinten aufgenommen, ist der Blickpunkt bei Taylors Porträt auf *evermore* ihr Mozartzopf. Aber die größte Aufmerksamkeit gilt ihrer Kleidung – ein braun-orangefarbener Wollmantel von Stella McCartney. Innerhalb weniger Stunden ist der Artikel mit einem Preis von

2.875 US-Dollar überall ausverkauft. Auch andere Kleidungsstücke von McCartney aus dem *evermore*-Shooting gehen weg wie (virtuelle) Semmeln, zum Beispiel eine mit Lammfell gefütterte Jeansjacke. „Stella ist so kreativ. Ich erzählte ihr, dass ich ein heimliches Projekt habe, und sie entwarf Kleider, die genau (!) meinen Vorstellungen entsprachen", begeistert sich Taylor bei einer YouTube-Fragestunde. „Ich fuhr zu ihr ins Büro, holte sie ab und fuhr damit in den Wald!"

DOPPELSCHICHT: Gegen Ende der *evermore*-Sessions beginnt Taylor schon mit den Neuaufnahmen für ihre Version von *Fearless*. Sie singt an einem Tag die Vocals von *happiness* für das Album *evermore* und *You Belong With Me (Taylor's Version)* ein, die im Abstand von vier Monaten erscheinen.

TEIL DREI?: Taylor veröffentlicht *folklore* mit acht alternativen Covern – aber eines davon erregt besonders die Aufmerksamkeit ihrer scharfsichtigen Fans. Im Himmel einer Version mit dem Titel *hide and seek* (Verstecken spielen) verbirgt sich das Wort *woodvale*. Natürlich entspinnen sich sofort Theorien über ein bevorstehendes zweites Album. Während die Fans mit Spannung das mysteriöse *woodvale* erwarten, erscheint Monate später *evermore* und trägt nicht dazu bei, die Gerüchteküche zu beruhigen. Schließlich muss Taylor die Situation aufklären. Es handelt sich um einen Fehler, kein Easter Egg. „Ich bin nervtötend geheimtuerisch und lasse wie eine Geheimagentin Hinweise und Anhaltspunkte fallen … Aber den Fans macht es Spaß und mir auch, weil sie gern Sachen aufgreifen. Und manchmal treibe ich es zu weit und mache einen Fehler", gesteht Taylor bei *Jimmy Kimmel Live*.

Sie erklärt, dass sie Angst hatte, die Fans würden vor der Überraschungsveröffentlichung von *folklore* erfahren. Also denkt sie sich einen erfundenen „Codenamen" mit der gleichen Anzahl von Buchstaben aus. Sie ist sich unsicher, ob der Albumtitel auf dem Cover erscheinen soll. Ihr Team erarbeitet Entwürfe mit dem Codewort *woodvale* – und vergisst dann schlicht und ergreifend, es bei einem der acht Cover zu entfernen, als sich Taylor schließlich dagegen entscheidet.

MIDNIGHTS

EINE SAMMLUNG SCHLAFLOSER NÄCHTE
ERSCHEINUNGSDATUM: 21. OKTOBER 2022

• TRACKLISTE •

1. Lavender Haze
2. Maroon
3. Anti-Hero
4. Snow on the Beach
   (featuring Lana Del Rey)
5. You're on Your Own, Kid
6. Midnight Rain
7. Question …?
8. Vigilante Shit
9. Bejeweled
10. Labyrinth
11. Karma

12. Sweet Nothing
13. Mastermind

3AM EDITION

14. The Great War
15. Bigger Than the Whole Sky
16. Paris
17. High Infidelity
18. Glitch
19. Would've, Could've, Should've
20. Dear Reader

TIL DAWN EDITION

21. Hits Different

REKORDE: *Midnights* erzielt die meisten Streams eines Albums an einem einzigen Tag (186 Million), verbucht die verkaufsstärkste Woche einer Vinylschallplatte im 21. Jahrhundert und ist das meistverkaufte Album 2022.

KREATIVE RICHTUNG: Wenn es etwas gibt, das Taylor noch mehr liebt als einen Song mit einer eingängigen Melodie, ist es ein Konzeptalbum. *Midnights* –

Taylors elftes Nummer-eins-Album in Folge in den *Billboard* 200 Charts – handelt von „nächtlichen Höllenqualen", die von Selbstkritik über die „Frage, was hätte sein können", bis zum Verlieben und „Entlieben" reichen. Obwohl sie wie bei *folklore* und *evermore* erneut mit Antonoff und Dessner arbeitet, ist der Sound von *Midnights* in Taylors Diskografie völlig neu. Passenderweise tendiert das Album zum Dream Pop, einem alternativen Untergenre, das auf Hall und Klangtextur setzt, sowie Lo-Fi Bedroom Pop, Elektropop und R&B, die Antonoff mithilfe verschiedener Synthesizer und durch Bearbeitung der Vocals mit einem Echolette-Gesangsverstärker von Klemt, der in den 1960er-Jahren sehr angesagt war, erzeugt.

IT'S ME, MAYHEM: Um ihr Album zu bewerben, hostet Taylor eine TikTok-Reihe unter dem Titel *Midnights Mayhem With Me*, in der sie pro Video je einen Titel der Trackliste vorstellt. In jeder Folge zieht sie willkürlich einen Tischtennisball aus einer Bingo-Lostrommel, der dem Song entspricht, dessen Titel sie dann über ein rotes Telefon verkündet. Die Fans untersuchen jedes Video und achten genau darauf, mit welcher Hand sie den Hörer aufnimmt und warum sie ihn bei zwei Songs – *Anti-Hero* und *Vigilante Shit* – falsch herum hält, was noch zu klären ist.

DIE MUSE: Als Inspiration für *Midnights* haben alle von ihren Ex-Freunden bis hin zu ihren Gegnern gedient. Aber wie der Titel der ersten Single *Anti-Hero* nahelegt, ist Taylor selbst ihr ärgster Feind. Die Selbstkritik und Unsicherheit plagen sie insbesondere in *Mastermind* und *Question ...?* Die Sorge um die Dauerhaftigkeit einer Beziehung ist ein roter Faden, den man in *Lavender Haze* – ein Begriff aus den 1950er-Jahren, der bedeutet, verliebt zu sein und auf rosaroten Wolken zu schweben, und den sie in einer Folge von *Mad Men* hört – sowie *Snow on the Beach* und *Midnight Rain* findet. Es könnte durchaus sein, dass der Streit um die Rechte an ihren ersten sechs Alben sie in zwei der Songs am Schlafen hindert: *Vigilante Shit*, in dem es um Rache an einem hinterhältigen Mann geht (Borchetta oder Braun?) und *Karma*, in dem dieser Mann bekommt, was er verdient.

Taylor gibt ein wenig Einblick in ihre nächtlichen Gedanken, als sie den Fans ihr zehntes Album auf Instagram vorstellt. „Wir liegen aus Liebe oder Angst, in Aufruhr und Tränen wach. Wir starren die Wände an und trinken, bis sie uns Antwort geben. Wir drehen uns in unseren selbst gebauten Käfigen im Kreis und beten, dass wir nicht – just in diesem Moment – einen furchtbaren Fehler begehen, der unser ganzes Leben verändert. Es ist eine Sammlung von Songs, die ich mitten in der Nacht geschrieben habe, eine Reise durch Schrecken und süße Träume. Unsere ruhelosen Schritte und unsere Dämonen, denen wir uns stellen müssen. Für alle unter uns, die sich schlaflos hin und her wälzen, das Licht anlassen und auf die Suche gehen – in der Hoffnung, uns vielleicht selbst zu finden, wenn es Mitternacht schlägt."

TRACK 5: Unter all den Dingen, die Taylor nachts wachhalten, gehört der explosive Verlauf ihrer Karriere wohl ganz nach oben auf die Liste. *You're on Your Own, Kid* ist ein Song über das Erwachsenwerden, der die Höhen und Tiefen ihrer Karriere und ihres Privatlebens nacherzählt. Der musikalische Ton spiegelt den Gegensatz wider und beginnt mit gedämpften Beats, um dann ein Crescendo aufzubauen.

Sechs Monate vor *Midnights* lässt Taylor in ihrer Antrittsrede an der New York University ein Easter Egg fallen, das auf Track 5 hindeutet. „Wie soll ich so vielen Menschen Ratschläge für ihre Lebensentscheidungen geben", sinniert sie vor dem Abschlussjahrgang 2022. „Das werde ich nicht. Die beängstigende Nachricht ist: Ihr seid jetzt auf euch selbst gestellt. Die gute Nachricht ist: Ihr seid jetzt auf euch selbst gestellt."

Stevie Nicks, eine von Taylors musikalischen Heldinnen, lobt *You're on Your Own, Kid*, weil ihr der Song geholfen habe, den Tod ihrer im November 2022 verstorbenen langjährigen Freundin und Bandkollegin bei Fleetwood Mac, Christine McVie, zu betrauern. Die Grundstimmung des Songs entspricht „der Traurigkeit, die ich empfinde", sagt Nicks. „Wir beiden Kids waren immer auf uns allein gestellt, und jetzt muss ich lernen, ganz allein zu sein, mein Kind."

KREATIVE PARTNER: *Midnights* wäre ohne Joe Alwyn und Margaret Qualley, die damaligen Partner von Taylor und Jack Antonoff (er heiratet die Schauspielerin im August 2023), vielleicht nie zustande gekommen. Die beiden drehen in Panama zusammen den romantischen Thriller *Stars at Noon*. Taylor und Jack reisen nicht mit und bleiben in New York, wo das Duo elf der Album-Tracks heraushaut.

SONDEREDITIONEN: Es scheint, dass *Midnights* Taylor um den Schlaf bringt: Nur drei Stunden nach der Veröffentlichung des Albums um Mitternacht bringt sie am 22. Oktober die *3am Edition* mit sieben Bonustracks heraus, darunter *The Great War*, *Bigger Than the Whole Sky* und *Paris*. Am 26. Mai folgt nicht eine Sonderedition, sondern gleich zwei: *Til Dawn* – mit Lana Del Rey, die die gesamte zweite Strophe von *Snow on the Beach* singt, und einem Remix von *Karma* mit Rapper Ice Spice – sowie *Late Night* mit *You're Losing Me*, einem bis dato unveröffentlichten Track, der vermutlich vom Ende ihrer sechsjährigen Beziehung mit Joe handelt.

TAYLORS TROPHÄEN: Am 4. Februar 2024 erhält Taylor für *Midnights* den vierten Grammy in der Kategorie „Album of the Year" und ist der erste Mensch, dem dies gelingt. Dasselbe Album beschert ihr außerdem noch einen Grammy in der Kategorie „Best Pop Vocal Album".

THE TORTURED POETS DEPARTMENT

IN DER LIEBE UND IN DER POESIE IST ALLES ERLAUBT

ERSCHEINUNGSDATUM: 19. APRIL 2024

• TRACKLISTE •

1. Fortnight *(featuring Post Malone)*

2. The Tortured Poets Department

3. My Boy Only Breaks His Favorite Toys

4. Down Bad

5. So Long, London

6. But Daddy I Love Him

7. Fresh Out the Slammer

8. Florida!!! *(featuring Florence and the Machine)*

9. Guilty as Sin?

10. Who's Afraid of Little Old Me?

11. I Can Fix Him (No Really I Can)

12. Loml

13. I Can Do It With a Broken Heart

14. The Smallest Man Who Ever Lived

15. The Alchemy

16. Clara Bow

THE TORTURED POETS DEPARTMENT

– THE ANTHOLOGY

17. The Black Dog

18. imgonnagetyouback

19. The Albatross

20. Chloe or Sam or Sophia or Marcus

21. How Did It End?

22. So High School

23. I Hate It Here

24. thanK you aIMee

25. I Look in People's Windows

26. The Prophecy

27. Cassandra

28. Peter

29. The Bolter

30. Robin

31. The Manuscript

DOPPELALBUM: Doppelt gemoppelt hält besser! Nur Stunden nach Erscheinen des Albums *The Tortured Poets Department* bringt Taylor weitere 15 Songs heraus: *The Anthology* ist eine zweite Sammlung von „Meinungen und Gefühlen in einem flüchtigen und fatalistischen Moment – einer, der gleichermaßen sensationell und leidvoll war". „Es ist eine Überraschung um 2 Uhr morgens: *The Tortured Poets Department* ist ein heimliches DOPPEL-Album", offenbart sie auf Social Media. „Ich habe in den letzten zwei Jahren so viele gequälte Gedichte geschrieben und wollte alles mit euch teilen … Und jetzt gehört die Geschichte nicht mehr mir… Sie gehört euch."

NACH MITTERNACHT: Als Taylor 2024 ihren 13. Grammy in der Kategorie „Best Pop Vocal Album" (*Midnights*) bekommt, dürfen sich die Fans freuen. „Ich möchte mich bedanken … indem ich euch ein Geheimnis erzähle, dass ich die letzten beiden Jahre für mich behalten habe: Mein brandneues Album kommt am 19. April heraus. Es heißt *The Tortured Poets Department*", verkündet sie von der Bühne. Als sie Tage später mit der *Eras*-Tour nach Japan kommt, verrät Taylor weitere Einzelheiten zu dem zweijährigen Zeitplan, den sie in ihrer Rede bei der Grammy-Verleihung nur angerissen hat. „Ich habe an *Tortured Poets* gearbeitet, seit ich *Midnights* abgegeben habe", erzählt sie der Menge im Tokyo Dome. „Ich habe mich sofort dem neuen Album zugewendet und arbeite seit gut zwei Jahren daran. Ich habe während der Tour durch die USA daran gearbeitet, und als es meiner Meinung nach perfekt war – gut genug für euch –, habe ich es abgeschlossen."

KREATIVE RICHTUNG: Auf ihrem elften Album beschreibt Taylor von *Lover* bis zu *Tortured Poet* das Ende ihrer sechsjährigen Beziehung mit Joe Alwyn – und das neue Leben nach ihm. Der britische Schauspieler scheint nur bei einer Handvoll von Songs als Inspiration gedient zu haben, einschließlich des Titeltracks und *loml* (Akronym für „Love of My Life" –Liebe meines Lebens). Taylor fasst die kathartische literarische Erfahrung wie folgt zusammen: „Es gibt keine Rachegelüste, keine Abrechnung, wenn die Wunden verheilt sind. Und bei näherer Betrachtung haben wir uns viele der Verletzungen selbst beigebracht. Diese Songwriterin ist der festen Überzeugung, dass unsere Tränen in Form von Tinte auf einem Blatt Papier heilig werden. Wenn wir unsere traurigste Geschichte ausgesprochen haben, können wir uns davon befreien. Und dann bleibt nur noch die gequälte Poesie."

COVERSTORY: Auf *TTPD* arbeitet Taylor zum siebten Mal mit der Fotografin Beth Garrabrant. Das Cover-Bild ist kontrastreich, aber sexy, und zeigt Taylor in einem schwarzen Taillenslip und halbtransparentem Trägerhemd auf weißer Bettwäsche liegend.

DIE MUSE: Auf dem Album geht es um Joe, Matty Healy und Travis Kelce. Tatsächlich handeln viele Songs auf dem Album vom Frontmann der Band The 1975, mit dem sie im Sommer 2023 ein Techtelmechtel hat – vom Eröffnungstrack *Fortnight* (über eine kurze Affäre) bis zu *Guilty as Sin?* und *Black Dog*, die in den Songtexten auf Mattys Lieblingsbands hinweisen: The Blue Nile und The Starting Line. Vielleicht ist es ein Abschiedsgruß an ihre beiden englischen Ex-Freunde Joe und Matty, dass sie das Erscheinungsdatum von *TTPD* auf den Jahrestag des Ausbruchs des Unabhängigkeitskriegs (19. April 1775) legt, der zur Unabhängigkeit Amerikas von Großbritannien führte.

TTPD stellt das Ende eines Kapitels dar – und den Beginn eines neuen Romans. In *The Alchemy* freut sie sich auf die Zukunft mit Travis. Es ist eine Art musikalischer Super Bowl voller Football-Bilder: Touchdown, Team, Glückssträhne, Trophäe, Bier und Party. Eine Liebe wie diese „gibt es nur alle paar Generationen einmal", singt Taylor. Also beschließt sie, sich nicht gegen „die Alchemie" zu wehren, die als magische Verzauberung definiert wird.

TRACK 5: Kein anderer Song auf *The Tortured Poets Department* behandelt so eindeutig das Ende ihrer Beziehung mit Joe wie *So Long, London*, der wie die direkte Fortsetzung von *Lover Boy* vom Album *Lover* klingt. Das heißt „Goodbye, Camden Market"(in London) und „Hallo, City Market" (in Kansas City). Taylor beschreibt im Songtext detailliert, wie ihre Beziehung allmählich zerbricht, mit einer sehr überraschenden Offenbarung: „Ich starb auf dem Altar, während ich auf den Beweis deiner Liebe wartete." Sie sinniert auch über „your bluest days" (deine traurigsten Tage, wörtlich: deine „blauesten" Tage) – eine Farbe, die auch in *Cruel Summer*, *Delicate* und *Gorgeous* mit Joe assoziiert wird.

BOYS' CLUB: „Swifties" brauchen nicht sehr lang, um herauszufinden, wer als Vorlage für den Albumtitel gedient hat. 2022 wird bekannt, dass Joe eine WhatsApp-Gruppe mit seinen Schauspielkollegen Paul Mescal und Andrew Scott hat, die „Tortured Man Club" heißt.

HEIMLICHE VERBINDUNGEN: Post Malone, der bei der ersten Albumsingle *Fortnight* mitwirkt, lässt in einem Interview in *The Howard Stern Show* des Radiosenders SiriusXM im Oktober 2023 einen Hinweis auf seine Zusammenarbeit mit Taylor fallen – den Fans ist es nur noch nicht klar. Der Hip-Hop-Künstler (dessen echter Name Austin Post ist) wird 2018 nach einem Video gefragt, das viral gegangen ist und in dem sich Taylor hinter den Kulissen der *Billboard* Music Awards sehr positiv über seinen Song *Better Now* äußert. „Ich bin so neidisch auf diesen Song", begeistert sie sich, als sich die beiden in einem Flur begegnen. „Das war ein echt cooler Moment", sagt Malone zu Stern, „und es war sehr inspirierend." Und dann erzählt er weiter, dass die beiden vor Kurzem „zusammen abgehangen haben", und betont auffällig: „Sie ist eine unfassbar gute Songwriterin. Heilige Scheiße … und absolut wunderbar." Stern geht nicht auf die Hinweise ein – stattdessen fragt er nach dem Beer-Pong-Trinkspiel, bei dem Malone kürzlich Travis Kelce und Patrick Mahomes, dem Quarterback der Kansas City Chiefs, unterlegen ist (was ihm ein Tattoo mit dem Logo des NFL-Teams eingebracht hat).

SOZIALKRITIK: In vielerlei Hinsicht ist *TTPD* Taylors authentischstes und reifstes Album. Sie hält bei Themen, die ihr wichtig sind, nicht mit ihrer Meinung hinter dem Berg, einschließlich Clara Bow und dem Umgang der Gesellschaft mit weiblichen Künstlerinnen und dem ständigen Versuch, ältere durch jüngere und „attraktivere Modelle" zu ersetzen.

TEIL III

Swiftologie

TAYLOR VON A BIS Z

Taylors Sprache ist einfach und doch komplex, universell und doch exklusiv. Eine Kommunikationsmethode, die über Wörter hinausgeht und Symbole, Farben, Zahlen, wichtige Daten, Anhaltspunkte, Jargon, Easter Eggs und beiläufige Bemerkungen nutzt – eine Art Geheimsprache. Laienhaft ausgedrückt, ist die Swiftologie Taylors Philosophie. Das Kauderwelsch, das für Neulinge verständlicherweise wie böhmische Dörfer klingt, ist für „Swifties" wie die Luft zum Atmen. Betrachte dies als Blaupause deines Fan-Daseins. Die Taylor-Terminologie, die jeder Fan sicher beherrschen muss, reicht von der „alten" Taylor bis zu Zoë Kravitz, die beim Album *Midnights* als Überraschungsgast mitwirkt.

„ALTE" TAYLOR

Wenn *1989* für Taylor wie eine Wiedergeburt war, ist *Reputation* in gewisser Weise ein Begräbnis. Auf der ersten Single des Albums von 2017, *Look What You Made Me Do*, singt sie über die Auferstehung von den Toten – ein Bild, das auch im Video dargestellt wird, denn ein blonder Zombie entsteigt einem Grab, auf dessen Grabstein zu lesen ist: „Here Lies Taylor Swift's Reputation" (Hier ruht Taylor Swifts Ruf). In einer späteren Szene steht die „neue", schwarz gekleidete Taylor auf einem menschlichen Haufen ihrer „alten" Alter Egos, die in kultige Outfits früherer Ären gekleidet sind. Mit einer kurzen Handbewegung lässt sie sie alle zu Boden gehen. Dann beantwortet Taylor einen Telefonanruf und sagt dem Anrufer, dass die „alte" Taylor nicht zu sprechen ist. Warum? „Weil sie tot ist."

So makaber es auch sein mag, ist ihre Botschaft doch klar: Eine brandneue Ära bricht an und die Taylor Swift, die die Öffentlichkeit als Amerikas Sweetheart kennt, gibt es nicht mehr. Am Ende des Videos stellen sich alle Taylor-Versionen in Reih und Glied auf, um sich zu verbeugen – und gegenseitig anzugiften. Junior-Jewels-Taylor tut so, als sei sie über den Applaus überrascht, was Zombie-Taylor und Ballerina-Taylor (aus dem Video zu *Shake It Off*) veranlasst, sie anzuschnauzen, sie sei „nervig" – eine gängige Kritik, die jedes Mal zu hören ist, wenn die „alte" Taylor einen Preis gewinnt. Die Taylor der *Fearless*-Ära versucht, Frieden zu stiften, nur um sich den Vorwurf der *Red*-Ära-Taylor anzuhören, „Hör auf so zu tun, als wärst du nur lieb".

Im Laufe der Jahre schließt Taylor irgendwann Frieden mit all ihren früheren Versionen. Sie bringt 2022 auf ihrer Webseite die „Old Taylor Collection" heraus – eine Kollektion, die aus Kleidung und Accessoires besteht, die sich an den Themen ihrer Alben *Speak Now* und *1989* anlehnen. Ein Jahr später feiert sie auf der *Eras*-Tour ihr gesamtes bisheriges Repertoire und „Vermächtnis".

ARM-LYRICS/ARMTEXTE

Auf der *Speak Now*-Tour gehören einige markante Elemente zu Taylors Bühnen-
auftritt: ein glitzerndes Fransenminikleid, roter Lippenstift, lockiges Haar – und
Songtexte, die sie mit schwarzem Marker auf ihre Arme kritzelt. Im Laufe der
110 Shows hebt die Sängerin Liedzeilen, die ihr etwas bedeuten, als abendliches
„Stimmungsbarometer" hervor. Taylor führt den Trend am 21. Mai 2011 mit einer
ausdrucksstarken Zeile aus der Hitsingle *Who Says* ihrer engen Freundin Selena
Gomez ein. Selena erklärt, dass der Song Menschen Kraft geben soll, die mit
Mobbing kämpfen, insbesondere in den sozialen Netzwerken. Sie sagt: „Der Song
richtet sich eigentlich an die Hater, die Leute, die runtermachen wollen." Diese
Kritik bewirkt offensichtlich etwas bei Taylor – nur drei Jahre später schreibt sie
Shake It Off.

Weitere Lieblingssongs von einigen ihrer talentierten Freunde, wie
Misguided Ghosts von Paramore und *Fireflies* von Faith Hill, zieren ebenso ihren Arm
wie unerwartete Songs von Eminem (*Lose Yourself*) und The Killers (*A Dustland
Fairytale*). Einige sind ortsbezogen: In Foxborough, Massachusetts, zitiert sie
Boston von Augusta, in Los Angeles *California* von Joni Mitchell und in der Stadt, in
der die Unabhängigkeitserklärung unterzeichnet wurde, *Philadelphia Freedom* von
Elton John. Für den Auftritt in Washington, D.C. ändert Taylor ihre Herangehens-
weise und wählt einmalig eine Zeile aus einer Rede: „Ich träume von Dingen, die
nie waren, und frage: Warum nicht?" von Senator Robert F. Kennedy, der sich beim
irischen Theaterschriftsteller George Bernard Shaw bedient. Einige Songs, die sie
auf ihrem Arm zitiert, hat sie auf der Tour auch als Coverversionen im Programm,
wie *You Learn* von Alanis Morissette und *Boys of Summer* von Don Henley.

Obwohl Taylor nach dem Ende der Tour die Armzitate einstellt, lässt sie sie
2023 in dem Musikvideo zu *I Can See You*, einem bis dato unveröffentlichten Track
aus der Ära von *Speak Now (Taylor's Version)* noch einmal aufleben. In der Szene ist
sie in einer Gruft eingesperrt. Sie trägt einen für die *Speak Now*-Ära typischen

goldenen Fransenmini, auf ihrer rechten Hand steht eine „13", während auf ihrem anderen Arm eine Zeile aus *Long Live* zu lesen ist. Der Song hat für Taylor eine besondere Bedeutung, da er für die Fans geschrieben wurde. Das Video zu *I Can See You*, bei dem sie Regie führt, geht näher darauf ein. „Ich habe das Video Treatment vor über einem Jahr geschrieben und wollte wirklich symbolisch darstellen, wie es sich für mich angefühlt hat, dass die Fans mir geholfen haben, mir meine Musik zurückzuholen", schreibt Taylor auf Social Media, nachdem sie das Video bei ihren ersten beiden Shows der *Eras*-Tour in Kansas City uraufgeführt hat.

BLONDIE

Taylor hat viele Spitznamen: Tay, Tay-Tay, T.Swift, T.Swizzle, Dead Tooth (von Jack Antonoff). Aber ein Kosewort ist immer dann angemessen, wenn „Swifties" in der Stimmung sind, keck zu sein: „Blondie, was machst du?", fragt ein Fan auf Social Media, als Taylor *Wildest Dreams (Taylor's Version)* vor *Red (Taylor's Version)* herausbringt. „Brauche ich eine Therapie oder brauche ich Blondie?", fragt ein anderer in einem Online-Forum. „Was hat Blondie in letzter Zeit so getrieben?", fragt 2023 eine Überschrift in *USA Today*. Selbst Halsey springt 2021 auf den Zug auf, als Fans sie mit Fragen bombardieren, nachdem sie und Taylor überschwängliche Tweets ausgetauscht haben, von denen einer drei Emojis mit bettelnden Gesichtsausdrücken enthält. War das ein Easter Egg? „Sprich mit Blondie", antwortet Halsey.

CHANTS / SPRECHCHÖRE

Es ist eine Sache, bei einem Konzert von Taylor Swift die Lieder mitzusingen. Aber die Fans finden ihre ganz eigene Weise, ihre Shows interaktiv zu gestalten: Bei bestimmten Songs skandieren sie Sprechchöre. Das Phänomen erreicht seinen Höhepunkt auf der *Eras*-Tour.

Der beliebteste Sprechchor kommt zu Beginn des Songs *Delicate*: In einer kurzen Pause nach dem Intro, bevor Taylor in die erste Strophe einstimmt, feuern sie Millionen von Menschen mit dem Ausruf „1, 2, 3, let's go, bitch!" (1, 2, 3, los geht's, Schlampe!) an. Die Zeile geht 2018 während der *Reputation*-Tour viral, als die 15-jährige Emily Valencia die Show auf ihrem Telefon mitschneidet und die Sekunden der Stille bei Track 5 herunterzählt. Ohne sich das Video vorher anzuschauen, postet sie es auf Twitter, damit die Fans die Show online verfolgen können. „Die Leute mochten es, retweeteten es und hinterließen erste Kommentare wie ‚Der Anfang – LOL!!!‘ Ich habe es mir dann noch einmal angeschaut und es war mir ultrapeinlich", schreibt Emily auf ihrem Tumblr-Account. Der Sprechchor „1, 2, 3, let's go, bitch" verbreitet sich sofort und Taylor findet ihn nicht nur witzig, sondern beteiligt sich auch noch aktiv, indem sie den Countdown der Fans an ihren Fingern runterzählt.

Ein Jahr später ist besagte Emily geschockt, als sie während der *Lover*-Wohnzimmerkonzerte eine persönliche Einladung erhält, das neue Album in Taylors Haus in Los Angeles zu hören. „Als wir uns trafen, rief sie ‚1, 2, 3, let's go, bitch‘, während ich auf sie zuging", erinnert sich die Teenagerin auf Tumblr. „Es war verrückt – sehr, sehr verrückt." Der Sprechchor erscheint inzwischen auf selbst gemachten Fanartikeln, die von T-Shirts über Weingläser bis zu Freundschaftsarmbändern reichen. Obwohl Emily zuerst traurig ist, dass sie nicht als Erste auf diese Ideen gekommen ist, „freut es mich zu sehen, dass meine Blödheit so langlebig ist".

Auch während des *Reputation*-Sets der *Eras*-Tour mischen die Fans bei *Don't Blame Me* mit: Am Ende der Bridge rufen sie „Take us to church, Taylor", bevor der Song in einen chorähnlichen Gesang übergeht. Zwei Sprechchöre stammen aus Textzeilen, die Mitwirkende singen: Kendrick Lamars „You forgive, you forget, but you never let it go" aus dem Remix von *Bad Blood* und „Taylor, you'll be fine", das in der Bleachers-Version von *Anti-Hero* im Hintergrund von Jack Antonoff gesprochen wird.

Manche Traditionen werden nicht gesprochen. Bei der Bridge von *You Belong With Me* und *Shake It Off* wird zweimal bzw. dreimal in die Hände geklatscht. In der *Midnights*-Ära entsteht der „Bejeweled-Tanz" – der aus mehreren stolzierten Schritten, einer Drehung und einer „Schimmer"-Wellenbewegung der Finger besteht –, den Fan Mikael Arellano auf TikTok einstellt, wo er viral geht. Vor der *Eras*-Tour fragt Taylors Team bei ihm an, ob die Sängerin und ihre Tänzer den bekannten Move in die Choreografie des Songs einbauen dürfen – im Gegenzug für VIP-Tickets. Er sagt begeistert zu, und bei der Show in Philadelphia überreicht ihm Taylor den (auf der Innenseite signierten) 22-Hut, den sie auf dem Kopf trägt.

DEZEMBER

Natürlich haben die meisten Menschen eine besondere Affinität zu ihrem Geburtsmonat und Taylor drückt ihre Verbindung zum Dezember in ihrer Musik aus. Sie erwähnt den Monat nicht nur in *Out of the Woods* und *evermore*, sondern auch die Feiertage dienen ihr als Inspiration. Weihnachten und seine Traditionen – der Weihnachtsbaum, -beleuchtungen und -lieder – tauchen gelegentlich in ihren Songs auf, so wie auch die Nachwirkungen einer Silvesterfeier in *New Year's Day*.

Taylor hat jedoch eine unangenehme Erinnerung an den Dezember: Der Tag im Jahr 2009, als sie sich von ihrem Freund Taylor Lautner trennt, der eigens nach Nashville geflogen ist, um sie an ihrem 20. Geburtstag zu überraschen. Sie fühlt sich deswegen so mies, dass sie sich 2010 in ihrem Song *Back to December* entschuldigt, indem sie sich vorstellt, wie sie anders mit der Situation hätte umgehen können. Rückblickend stellt sie fest, dass sie nicht zu schätzen wusste, was sie hatte, und die Beziehung nicht hätte beenden sollen. „Nun, ich habe immer Songs über Lebenssituationen und Dinge geschrieben, die gesagt werden müssen", erklärt sie auf MTV News. „Manchmal lernt man seine Lektion zu spät und muss sich entschuldigen, weil man gedankenlos war."

ERAS-TOUR-KONZERTFILM

Obwohl während des ersten Abschnitts der *Eras*-Tour über 4 Millionen die Konzerte besuchen, haben weitere Millionen Menschen keine Tickets bekommen.

Aber am 13. Oktober 2023 können sie das Konzert sehen (zu einem Bruchteil der Kosten), denn der Konzertfilm *Taylor Swift: The Eras Tour* kommt in die Kinos. Die Sängerin hat den Film unabhängig produziert und während ihrer sechs aufeinanderfolgenden Shows im SoFi Stadium in Los Angeles aufgenommen. Entsprechend Taylors Philosophie kosten die Eintrittskarten für den Film 19,89 US-Dollar für Erwachsene und 13,13 US-Dollar für Kinder und Senioren.

Wie bei der *Eras*-Tour selbst ist die Ticketnachfrage ungeahnt hoch. Um kein ähnliches Fiasko wie Ticketmaster 2022 zu erleben, rüstet der offizielle Vertriebspartner AMC Theatres seine Systeme auf, um das Fünffache seiner normalen Nachfrage bewältigen zu können. Innerhalb von drei Stunden spielt der Konzertfilm *The Eras Tour* Bruttoerlöse von 26 Millionen US-Dollar auf der AMC-Plattform ein und bricht damit den 2021 von *Spider-Man: No Way Home* aufgestellten Rekord von 16,9 Millionen US-Dollar. Am Ende des ersten Tages verbucht der Film über 37 Millionen US-Dollar Einnahmen im Vorverkauf, wenn man die Kinoketten Regal und Cinemark hinzurechnet. Als Reaktion zieht Universal Pictures den Kinostart von *Der Exorzist: Bekenntnis* auf den 6. Oktober vor, damit der Film an der Kinokasse nicht mit Taylor konkurrieren muss.

Die Kinos feiern das einmalige Ereignis, das es so vielleicht nie wieder geben wird, gebührend. Cinemark bietet bedruckte Popkornbecher und Tassen für Sammler und die Möglichkeit, Privatvorführungen für Gruppen von bis zu 40 Personen zu buchen, die „Private Swiftie Parties". Wanda Gierhart Fearing, die bei Cinemark die Marketing- und Content-Verantwortliche ist, beweist, dass sie ihr Publikum kennt, als sie eine „neue Ära" für das Watch-Party-Paket der Kette ankündigt. Sie zitiert *Enchanted* und ergänzt: „Wir sind über die sensationellen Ticketverkäufe dieses Events total verblüfft."

Zwei Tage vor dem Kinostart hält Taylor eine Premierenparty im Grove ab, der beliebtesten Einkaufsmeile von Los Angeles. Es kommen 2.200 „Swifties", darunter Adam Sandler, Flavor Flav, Mariska Hargitay – und keine Geringere als

Beyoncé. Nach dem Auftakt auf dem roten Teppich besucht Taylor alle 13 AMC-Kinos, um mit den Fans zu sprechen und zu tanzen. „Ich hatte nie zuvor auch nur ansatzweise so viel Spaß wie auf der *Eras*-Tour – niemals", sagt sie einer Gruppe. „Ich denke, ihr werdet sehen, dass die Fans in diesem Film die Hauptrolle spielen, denn das hat die Tournee zu etwas ganz Besonderem gemacht. Das unterscheidet sie von allem, was ich bisher in meinem Leben gemacht habe." Das Premierenwochenende beweist Taylors Starpotenzial: *The Eras Tour* spielt weltweit mehr als 123 Millionen US-Dollar ein und wird der Konzertfilm mit den höchsten Bruttoerlösen aller Zeiten.

GLITZER-GELROLLER-SONGS

Taylor hat Hunderte von Songs geschrieben, und jeder davon lässt sich eindeutig einer von drei Kategorien zuordnen: Glitzer-Gelroller, Federkiel oder Füllfederhalter. „Das richtet sich danach, welches Schreibgerät ich in meiner Vorstellung in der Hand halte, wenn ich den Song hinkritzele." Sie verrät ihr kreatives Geheimnis 2022, als sie bei den Nashville Songwriter Awards als „Songwriter-Artist of the Decade" geehrt wird. „Ich habe noch nie öffentlich darüber gesprochen, weil es ein bisschen bekloppt ist", gesteht sie.

Der Großteil ihrer Diskografie fällt in die Füllfederhalter-Kategorie – poetische persönliche Songs wie *All Too Well* und *champagne problems*. Die unbeliebteste Gruppe ordnet sie dem Federkiel zu – altmodische Texte, die „wie ein Brief klingen, den Emily Dickinsons Urgroßmutter schreibt, während sie eine Spitzengardine näht". Mit Glitzer-Gelrollern hingegen schreibt man Hits wie *Shake It Off*, die in die Tanzbeine gehen.

„Texte, die mit Glitzer-Gelroller geschrieben werden, sind nicht ernst zu nehmend, unbekümmert, vergnügt und munter und perfekt zum Takt synkopiert, weil es ihnen egal ist, wenn man sie nicht ernst nimmt, weil sie sich selbst auch nicht ernst nehmen", erklärt Taylor. „Glitzer-Gelroller-Texte sind wie die betrunkene junge Frau auf der Party, die dir auf dem Klo erzählt, dass du wie ein

Taylor hat Hunderte von Songs geschrieben, und jeder lässt sich einer von drei klar abgegrenzten Kategorien zuordnen: Glitzer-Gelroller, Federkiel oder Füllfederhalter

Engel aussiehst. Es ist das, was wir in diesen hektischen Zeiten, in denen wir heute leben, alle gelegentlich brauchen."

Die Fans sind von Taylors Kategorisierung so fasziniert, dass sie vor der Veröffentlichung von *Midnights* ihre Neugier auf Apple Music mit drei kuratierten Playlisten befriedigt, die jeweils Songs enthalten, die dem Schreibgerät ihrer Wahl entsprechen. Die Glitzer-Gelroller-Liste „wird dem Namen in jeder Hinsicht gerecht": Sie enthält ausgewählte Tracks, die dem Zuhörer Lust machen, „zu singen und Glitter im Raum zu verstreuen". Neben Klassikern wie *You Belong With Me* und 22 nimmt Taylor zwei Lieblingssongs von ihrem jüngsten Album dazu: *Bejeweled* und *Karma*. „Sie erinnern daran, dass wir uns nicht allzu ernst nehmen sollten, und das müssen wir heutzutage alle gelegentlich hören", sagt sie.

„HEY KIDS, SPELLING IS FUN!"

Als Songwriterin steht Taylor hinter ihren Texten und sie hat sich dafür verteidigt, dass sie viele ihrer Ex-Freunde öffentlich an den Pranger gestellt hat. Aber es gibt fünf kleine Wörter, die sie aus ihrem Repertoire gestrichen hat: „Hey kids, spelling is fun!" (Hey, Kids, buchstabieren macht Spaß). Die unverfängliche Liedzeile leitet die Bridge der ersten Single vom Album *Lover ME!* ein. Darin spulen Taylor und Brendon Urie, Frontmann von Panic! at the Disco, Wörter ab, die man nicht ohne M und E schreiben kann, wie „Team" oder „awesome".

Es ist unbestritten nicht Taylors beste Arbeit, aber der Song ist gewollt theatralisch, ein Bubblegum-Pop-Ohrwurm, der die Selbstliebe anstelle einer Beziehung feiert. „Der Text, das war eine tonale Entscheidung, die wir im Studio getroffen haben", erklärt Taylor in der australischen Radiosendung *Carrie & Tommy*. „Wir haben uns ‚buchstäblich' für die Textzeile ‚Hey kids, spelling is fun' entschieden, weil jeder wissen soll, dass der Song nicht wirklich ernst ist, weil es kein ernstes Liebeslied ist." Die Aussage trägt allerdings wenig dazu bei, Lästernde zum Schweigen zu bringen, die die polarisierende Textzeile auf Social Media zerreißen. Das führt letztendlich dazu, dass der Song *ME!* kurz vor Erscheinen von *Lover* bearbeitet und die Stelle „Hey kids, spelling is fun" herausgestrichen wird. Taylor lässt die Zeile auch bei Live-Auftritten weg.

I ♥ TS

Wie die Souvenirs mit der Aufschrift „I ♥ NY", die man überall in New York sieht, zeigt Tom Hiddleston mit einem T-Shirt, auf dem der Schriftzug „I ♥ TS" prangt, wie stolz er auf Taylor ist – und erntet Hass dafür. Im Sommer 2016 gelingt Paparazzi ein Schnappschuss ihres damaligen Freunds in ihrem Haus in Rhode Island, auf dem er den letzten Schrei in Sachen PR-Stunt zu tragen scheint. Auf Twitter wird gnadenlos über den 35-jährigen Schauspieler gelästert und in viralen Tweets über die wahre Identität von „TS" gewitzelt: Dichter T. S. Eliot, Superheld Tony Stark aus dem Film *Iron Man*, Schauspielerin Tilda Swinton oder vielleicht Taco-Salat?

Ist es wirklich ein PR-Gag? Hiddleston verteidigt sich (und seine Freundin) vom Set von *Thor: Tag der Entscheidung* aus in einem Telefoninterview mit dem *Hollywood Reporter*. „Die Wahrheit ist, dass Taylor Swift und ich zusammen sind, und wir sind sehr glücklich, danke der Nachfrage", erzählt er der Zeitschrift. „Das ist die Wahrheit. Es ist kein Werbestunt."

Das Paar – das die Fans „HiddleSwift" taufen – wirkt auf jeden Fall echt, wie es um die Welt nach England (wo Taylor Toms Mutter trifft), Rom, Australien,

Nashville (wo er ihre Eltern trifft) und Los Angeles jettet. Aber weniger als zwei Monate nach seinem öffentlichen Bekenntnis „I ♥ TS" kommt das Liebesaus. Hiddleston spricht im März 2018 für eine Coverstory im Magazin *GQ* über die wahre Geschichte hinter dem viel diskutierten T-Shirt: „Die Wahrheit ist, dass es der Unabhängigkeitstag war und wir ein Spiel gespielt haben. Dabei bin ich ausgerutscht und habe mich am Rücken verletzt", erklärt er. „Ich wollte die Schürfwunde vor der Sonne schützen und sagte: ‚Hat jemand ein T-Shirt für mich?' Und eine ihrer Freundinnen sagte: ‚Ich habe das hier …'. Wir haben alle darüber gelacht. Es war ein Witz."

Zumindest Taylor findet es lustig. Als sie fünf Monate später das Musikvideo zu *Look What You Made Me Do* herausbringt – mit einem Trupp männlicher Tänzer, die alle T-Shirts mit dem Aufdruck „I ♥ TS" tragen, bietet sie das T-Shirt auf ihrer Webseite für 50 US-Dollar das Stück an.

JUNIOR JEWELS

Im Musikvideo zu *You Belong With Me* porträtiert Taylor eine Highschool-Schülerin, die „musikverrückt" und in den beliebten Jungen von nebenan verliebt ist, mit dem sie über Schilder kommuniziert, die die beiden aus ihren Schlafzimmerfenstern raushalten. Eines Abends denkt sie, seine Vorhänge sind zugezogen. Aber er schaut zu, wie sie durch ihr Schlafzimmer tanzt und einen Hit laut mitsingt – in Pyjamahosen und mit einem mit Text beschriebenen T-Shirt bekleidet. Dieses T-Shirt ist besonders: Es wurde individuell gestaltet und auf der Vorderseite prangt in Plusterfarbe der Schriftzug „Junior Jewels".

In einem Clip, der während des Drehs hinter den Kulissen entsteht, verrät Taylor, dass das Kleidungsstück ein „authentisches Band-Camp-T-Shirt" ist, das Caitlin Evanson gehört, der Geigerin in ihrer Tour-Band. Als Relikt aus ihrer Highschool-Zeit wurde das T-Shirt von den „Junior Jewels" signiert: den Mitgliedern der Band, die an dem Camp teilnahmen. Als Taylor es sieht, weiß sie, dass es perfekt zu ihrer Figur in *You Belong With Me* passt – und der Rest ist Geschichte.

Während der *Fearless*-Ära stellen Fans regelmäßig ihre eigene Version des Shirts her und es ist zu der Zeit ein beliebtes Halloween-Kostüm. Als Taylor 2017, ein Jahrzehnt später, ihre viele Ären im Video *Look What You Made Me Do* feiert, gehört das „Junior Jewels"-T-Shirt zu den kultigen Looks, die sie auferstehen lässt – allerdings in aktualisierter Version mit den Namen ihrer Squad-Mitglieder: Selena Gomez, Ed Sheeran, die Supermodels Gigi Hadid, Martha Hunt und Lily Aldridge, Blake Lively, Ryan Reynolds, ihre engste Kindheitsfreundin Abigail Anderson und die Schwestern Danielle, Este und Alana Haim. Unter den Namen, die demonstrativ fehlen, ist Karlie Kloss.

KAYLOR

Die einzige Beziehung, die noch aufmerksamer verfolgt wird als Taylors Liebesleben, ist ihre enge Verbindung mit Supermodel Karlie Kloss. Die beiden langbeinigen Blondinen faszinieren ihr Publikum, was ihnen den Beinamen Kaylor einbringt. Es ist eine filmreife und mediale Begegnung der dritten Art, denn Taylor entdeckt 2012 während eines *Vogue*-Interviews ein Foto des Models und ruft: „Ich möchte mit ihr Kekse backen!" Das Model antwortet auf Twitter: „Deine Küche oder meine?" Im Jahr darauf treffen sie sich endlich persönlich bei der Victoria's Secret Fashion Show, wo Taylor den Soundtrack für Karlie und die anderen Engel auf dem Laufsteg liefert.

Von da an tauchen Kaylor überall gemeinsam auf: beim Shopping in SoHo, am Spielfeldrand bei einem Spiel der New York Knicks, auf roten Teppichen, After-Show-Partys, bei SoulCycle-Kursen – im Februar 2015 schließlich auf dem Cover der *Vogue*. „Taylor Swift und Karlie Kloss haben sich die Art von Karriere aufgebaut – und die Art von Freundschaft –, von der die Menschen träumen", sinniert die Modebibel, die die „Besties" bittet, ihren Instagram-würdigen Roadtrip entlang des Big-Sur-Küstenstreifens nachzustellen. „Man hatte uns schon jahrelang gesagt, dass wir uns unbedingt kennenlernen müssen", verrät

Die einzige Beziehung,
die noch aufmerksamer verfolgt wird
als Taylors Liebesleben, ist ihre enge Verbindung
mit Supermodel Karlie Kloss.

Taylor. „Ich erinnere mich an Visagisten und Haarstylisten, die sagten: ‚Erinnert sie dich nicht an Karlie? Meine Güte, sie und Karlie wären gute Freundinnen. Sie sind sich so ähnlich. Karlie ist so ein nettes Mädchen.'" Und sie ist während des teuren Videodrehs *Bad Blood* für Taylor da: Das Supermodel ist der Hauptact beim gemeinsamen Auftritt der Squad, in dem sie die Auftragskillerin Knockout spielt.

Aber als sich Taylor 2016 den Auswirkungen ihrer öffentlichen Fehde mit Kayne West und Kim Kardashian stellen muss, sagt der eine Mensch, der auf Taylors Seite hätte sein sollen, der *Sunday Times Style,* der Reality-Star sei ein „liebenswerter Mensch" – ein Kommentar, der „falsch interpretiert wurde", wie sie betont. Als *Reputation* herauskommt, unterstützt Karlie das Album nicht öffentlich und wählt für ein Foto von sich, auf dem man sie Basketball spielen sieht, die Bildunterschrift „Swish swish" – den Titel des Diss-Tracks von Katy Perry über Taylor. Als sie 2019 ihren langjährigen Freund Joshua Kushner heiratet, ist Taylor nicht dabei, womöglich weil Karlie Katy Perry und Scooter Braun eingeladen hat, der nicht nur Karlies Manager ist, sondern auch derjenige, der die Rechte an den ersten sechs Alben ihrer vormals besten Freundin gekauft hat.

Die Fans vermuten, dass zwei Songs auf *folklore* und *evermore* über Karlie sind, vor allem die beiden Bonustracks auf letztgenanntem Album. *it's time to go* blickt zurück auf das Ende einer Freundschaft mit einer „Schwester" und einem „Zwilling" – zwei Wörter, mit denen das Model Taylor gern beschrieb. Karlie ist weiterhin ein Fan: Am 9. August 2023 löst sie einen Sturm im Internet aus, als sie auf der *Eras*-Tour in Los Angeles gesichtet wird. Zufällig kündigt Taylor an diesem Abend *1989 (Taylor's Version)* an, d.h. die Ära von Kaylor.

LOVER FEST

Für ihr siebtes Album kündigt Taylor eine andere Art von Tour an, die im Sommer 2020 stattfinden soll: 17 Shows in Städten weltweit, in einigen davon ist sie noch nie aufgetreten. Der Höhepunkt der Reihe sind jeweils ein *Lover Fest* West in Los Angeles und *Lover Fest* East in Foxborough, Massachusetts. Ticketmaster zieht sich nicht nur den Unmut der Fans für die Handhabung des verifizierten Vorverkaufs zu, auf den Ticket-Schwarzhändler Zugriff erhalten, sondern auch dafür, dass eine abgelehnte Version des Bühnenbilds öffentlich wird, bei dem ein herzförmiges Podium in der Mitte des Konzertraums steht.

Das Drama um *Lover Fest* verschärft sich während der Covid-19-Krise. Zwei Monate vor dem Auftaktkonzert in Belgien gibt Taylor im April bekannt, dass die Tour auf 2021 verschoben wird. Angesichts der weiterhin unwägbaren Umstände weltweit sagt sie die Tour im Februar 2021 vollständig ab. „Ich bin so enttäuscht, dass ich euch nicht so bald persönlich sehen kann, wie ich es vorhatte", teilt Taylor den Fans in einer Erklärung mit. „Ich vermisse euch schrecklich und kann es kaum abwarten, bis wir alle wieder sicher bei einer Show zusammenkommen können."

Zwei Jahre später ist es so weit. Als der Ticketverkauf für die *Eras*-Tour startet, haben diejenigen, die eine Rückerstattung für *Lover Fest* erhalten haben, im Vorverkauf Vorrang. Das Konzert, bei dem sie ihre größten Hits vorstellt, beginnt mit der unterbrochenen Ära: *Lover*. Taylor eröffnet die Show jeden Abend mit *Miss Americana & the Heartbreak Prince*, gefolgt von *Cruel Summer*, das im Juni

2023 als Single herauskommt – drei Jahre nach dem ursprünglich von Taylor geplanten Erscheinungstermin.

MAPLE LATTES

Vergiss Pumpkin Spice Latte. Im Land der Taylor Swift ist der Maple Latte das Getränk der Wahl im Herbst. Als sie sich 2010 am Thanksgiving Day mit ihrem aktuellen Freund Jake Gyllenhaal auf einen Kaffee verabredet, bestellt die Sängerin im Gorilla Coffee im Brooklyner Viertel Park Slope den Spezialkaffee, der mit reinem Vermont-Ahornsirup gemacht wird. Das gewöhnliche Ereignis beschert Taylor jede Menge Publicity, weil Paparazzi Fotos veröffentlichen, in denen die Sängerin Arm in Arm und winterlich eingepackt mit Jake spazieren geht – sie in einem schwarzen Caban und Schal (nein, nicht DER Schal) und er mit einer farblich passenden Daunenjacke von Patagonia und Mütze.

Dank des langsamen Nachrichtenzyklus am Wochenende und des visuellen Beweises für die Beziehung zwischen den Stars schafft es ein so unverfängliches Ereignis wie ein Cafébesuch auf die Titelseiten. „Taylor Swift & Jake Gyllenhaal trinken gemeinsam Maple Lattes an Thanksgiving", berichtet das *People Magazine*. Eine andere Quelle enthüllt, dass das Paar „wirklich süß" war und ein großzügiges Trinkgeld gegeben hat. Im neuen Jahr geht das Paar schon wieder getrennte Wege und die Öffentlichkeit hat das Date im Brooklyner Café schnell vergessen – im Gegensatz zu Taylor.

Zwei Jahre später bringt sie *Red* heraus, „mein echtes Trennungsalbum". Mehrere Songs handeln von ihrer Beziehung mit Jake, vor allem *All Too Well*. Wer noch irgendeinen Zweifel hegt, wer ihr als Inspiration gedient hat, dem hilft sie in den Liner Notes auf die Sprünge, in denen sie anfangs gern versteckte Hinweise für ihre Fans platziert. Im Songtext, in dem sie ansonsten auf Großschreibung verzichtet, werden sieben Buchstaben willkürlich großgeschrieben. Sie ergeben: MAPLE LATTES.

Vergiss Pumpkin Spice Latte. Im Land der Taylor Swift ist der Maple Latte im Herbst das Getränk der Wahl

NILS SJÖBERG

Während seiner Beziehung mit Taylor im Jahr 2016 bringt Calvin Harris *This Is What You Came For* heraus – seine Zusammenarbeit mit Rihanna, bei der der mysteriöse Hitproduzent Nils Sjöberg mitgeschrieben hat. Für die geübten Ohren von „Swifties" klingt eine Stimme im Aufbau zum Refrain gar nicht nach der barbadischen Sängerin – dafür aber sehr nach Taylor.

Das Paar äußert sich nicht direkt zu dem Gerücht, aber in einem Radiointerview mit Ryan Seacrest am 29. April schließt Calvin die Möglichkeit kategorisch aus, jemals mit seiner talentierten Freundin zu arbeiten. „Wissen Sie, wir haben nicht einmal darüber gesprochen", behauptet er. „Ich kann es mir aber nicht vorstellen. Nein. Sie will bald eine lange Pause machen, wissen Sie?" Drei Tage später scheint es, als brauche sie eine Pause von Calvin. Taylor wird gesichtet, wie sie bei einer Met Gala After-Party ausgelassen mit Tom Hiddleston tanzt, während ihr Freund nirgendwo zu sehen ist. Bis zum 1. Juni trennt sich das Paar auch offiziell und Calvin tweetet: „Es bleibt viel Liebe und Respekt" – ein Gefühl, das Taylor mit einem Retweet bestätigt.

Als die Singer-Songwriterin jedoch bestätigt, dass sie tatsächlich Nils Sjöberg ist, hinterlässt ihr Ex plötzlich in den sozialen Netzwerken nur noch verbrannte Erde. In einer Reihe inzwischen gelöschter Tweets räumt Calvin ein, dass Taylor eine „erstaunliche Texterin" ist und bei *This Is What You Came For* auch „ein bisschen" gesungen hat, aber das sei alles. „Ich habe die Musik geschrieben, den

Song produziert, ihn arrangiert und die Vocals aufgenommen. Anfangs wollte sie es geheim halten, daher auch das Pseudonym. Was mich zu diesem Zeitpunkt schmerzt, [ist], dass sie und ihr Team sich solche Mühe geben, mich jetzt in einem schlechten Licht darzustellen." Ein Jahr später gesteht Calvin im Rückblick gegenüber *British GQ*, dass sein Tweet-a-thon „vom falschen Instinkt geleitet wurde. Ich habe mich dagegen gewehrt, dass mein aus meiner Sicht einziges Talent in der Welt kleingeredet wurde."

Taylor spricht 2020 endlich offen über Nils Sjöberg – ein Pseudonym, das auf einem beliebten männlichen Vornamen in Schweden basiert – einem Land, das für Popmusik steht. „Eine Zeitlang wusste es niemand", erzählt sie Sir Paul McCartney in einem gemeinsamen Interview für den *Rolling Stone*. „Wenn ein Pseudonym ins Spiel kommt, zeigt das meiner Meinung nach, dass man seine Arbeit immer noch liebt, aber nicht möchte, dass sie von diesem Ding überschattet wird, das um dich herum aufgebaut wird und darauf beruht, was die Leute über dich wissen. Und es macht wirklich Spaß, sich falsche Namen auszudenken und unter diesen Namen zu schreiben."

Nils macht aber noch mehr. Dem Pseudonym wird 2017 die Produktion einer Coverversion von *Look What You Made Me Do* von Jack Leopards & The Dolphin Club – Taylors Fake-Rockband mit Jack Antonoff und ihrem Bruder Austin – zugeschrieben.

POLAROID

Das Cover von *1989* wird mit einer Kamera aus der Zeit aufgenommen: Polaroid. Anfangs „war es eine Art Versehen", Sofortbildfilm zu verwenden. Aber als Taylor das grobkörnige Bild von sich sieht, „dachte ich mir, das Foto könnte auf das Albumcover kommen". Dabei lässt sie es jedoch nicht bewenden. Die Sängerin erstellt 65 verschiedene Polaroid-Porträts für das Begleitheft der CD, auf die sie mit schwarzem Marker Textzeilen aus *1989* geschrieben hat.

Es überrascht nicht, dass Polaroid dank Taylors Einfluss plötzlich wieder angesagt ist. Die Fans beeilen sich, eine Sofortbildkamera zu kaufen – und bewahren Polaroid vor dem bereits sicher geglaubten Verschwinden. Das Unternehmen, das im digitalen Zeitalter um das Überleben kämpft, hat fünf Jahre zuvor Konkurs angemeldet. Aber nachdem 2014 das Album *1989* erscheint, meldet Polaroid eine „riesige Wiederbelebung der Nachfrage" nach dem in Vergessenheit geratenen Produkt. „Die gesamte Hipster-Generation liebt die Nostalgie und das Retro-Element, für das unsere Marke steht", erklärt Polaroid-Geschäftsführer Scott Hardy *Digital Spy*. „Taylor Swifts *1989* verstärkt dieses Wachstum noch und beweist, dass unsere Marke für die jüngeren Generationen immer noch cool und relevant ist."

In der *1989*-Ära dokumentiert Taylor häufig ihre Treffen mit Freunden auf Polaroid und postet die Aufnahmen dann auf Social Media. Obwohl sie diese Marotte bis zu *Reputation* ablegt, kramt sie im Sommer 2023 ihre Sofortbild-kamera für ihre Party zum Unabhängigkeitstag wieder hervor. Ist es ein Easter Egg, das auf *1989 (Taylor's Version)* hindeutet? Tatsächlich gibt sie einige Wochen später bekannt, dass es ihre nächste Neuaufnahme sein wird. Das Cover des neuen Albums ziert jedoch kein Polaroid-Foto.

REP ROOM

Ab der *Fearless*-Tour trifft Taylor backstage Fans bei sogenannten „Meet & Greets", bei denen Snacks und Getränke gereicht werden, die nach Songtextzeilen benannt sind. Sie nennt die Fantermine entsprechend der jeweiligen Ära: T-Party Room (*Speak Now*), Club Red (*Red*), Loft 89 (*1989*) – das letzte Meet & Greet nennt sie Rep Room (*Reputation*). Die glücklichen Fans werden entweder vor der Show auf Twitter von @TaylorNation oder während der Konzerte von Andrea Swift ausgewählt, die durch die Menge geht und Fans, die sich abheben, exklusive After-Show-Pässe aushändigt.

Persönliche Kameras sind nicht zugelassen, aber die Fans berichten auf Social Media von ihren Erlebnissen im Rep Room. Der Raum, der entsprechend dem Albumthema dekoriert ist, hat schwarze Ledersitzmöbel, violettfarbene Samtvorhänge und als Herzstück eine Leuchtenkonstruktion, die aus riesigen Schlangen besteht, die jeweils eine Glühbirne im Maul halten. In einem Sneak, in dem Taylor in einer Instagram-Story im Vorfeld einen kurzen Einblick gewährt, hängt ein gerahmtes Poster von Kleopatra an der Wand – ein Fingerzeig auf eine Textzeile in *Ready for It*, die auf die Stars des Films von 1963 verweist, Richard Burton und Elizabeth Taylor. Ein weiterer Mittelpunkt des Rep Room ist der goldene Thron aus dem Video zu *Look What You Made Me Do* – ein sehr beliebtes Requisit für den Moment, wenn die Fans Gelegenheit bekommen, mit dem Superstar für ein Profifoto zu posieren. Es gibt noch ein weiteres besonderes Andenken, damit sich die Fans noch lange an den Rep Room erinnern: ein Autogramm von Taylor!

Auf der *Eras*-Tour gibt es erstmals keine „Meet & Greet"-Termine, aber wer könnte es ihr – nach 44 Songs und einem dreistündigen Konzert jeden Abend – wirklich verübeln?

SECRET SESSIONS/WOHNZIMMERKONZERTE

Es ist eine Sache, die Chance zu bekommen, ein Taylor-Swift-Album schon Wochen vor der Veröffentlichung hören zu können. Es ist aber noch ein anderes Kaliber, die Tracks exklusiv und im Voraus im Wohnzimmer der Sängerin zu hören und dabei Kekse zu essen, die sie höchstpersönlich für die Besucher gebacken hat. In den Wochen vor dem Erscheinen von *1989*, *Reputation* und *Lover* lädt Taylor zu „Secret Sessions" ein – „kleinen Wohnzimmer-Partys" in ihren verschiedenen Anwesen im ganzen Land (Los Angeles, New York und Rhode Island sowie dem Haus ihrer Mutter in Nashville), bei denen sie einer auserwählten Gruppe ihrer Fans einen exklusiven Einblick in ihre jüngste musikalische Ära bietet.

Die Lover-Ära
steht für Pastell im Überfluss

Die ersten Secret Sessions im Herbst 2014 waren so hochgeheim, dass die 98 Teilnehmenden, die von Taylor Nation, Taylors offiziellem Managementteam, nur die Information erhalten, dass sie an einem besonderen Event teilnehmen und sich zu einer bestimmten Zeit an einem bestimmten Ort einfinden sollen. „Ich sah ein Mädchen, das ein Katzenkleid trug, und dachte mir, dass ich dann wohl am richtigen Ort bin", lacht ein Fan in einem Hintergrundvideo auf Taylors YouTube-Kanal. Während die Gruppe im Bus zur Secret Session gefahren wird, schwenkt die Kamera auf Taylor, die in ihrer Küche steht und eigenhändig Schokoladen-Kokos-Kekse für ihre VIP-Gäste backt. In einer anderen Szene, die in ihrem Haus in Los Angeles entstanden ist, lugt die Sängerin aus einem Fenster auf Fans, die in einem Innenhof warten. „Sie sprechen untereinander und sind ganz aufgeregt", freut sie sich. „Sie wissen, dass irgendetwas läuft, aber ich weiß nicht, ob sie ahnen, dass sie *das* hier erwartet." Nachdem sie alle Songs vom Album *1989* gespielt hat, geht Taylor mit Platten voller Snacks herum. Es gibt Umarmungen, ihre Katze Olivia wird liebkost, es wird getanzt und – um im Thema von *1989* zu bleiben – es bekommt restlos jeder Fan sein Polaroid-Foto mit der Sängerin.

Drei Jahre später bei *Reputation* sind die Sessions zwar nicht mehr geheim, aber nicht weniger besonders. Taylor erweitert das Einzugsgebiet der Wohn-zimmerpartys auf London, wo sie eigens ein Haus für das Event mietet. In Los Angeles warten mehrere Überraschungen auf die Fans: Berühmte Gäste wie Jack Antonoff und HAIM sowie eine Preview des Musikvideos für die zweite Single … *Ready for It?*. In Nashville posiert Taylor für die Fotos mit den Fans vor ihrem

Kamin, auf dem ihre zahlreichen Grammy Awards in Reih und Glied stehen. Auf ihrem Anwesen in Rhode Island erhalten die Fans als Geschenk Werbeartikel zu *Reputation*, wie zum Beispiel ein Gitarrenplektrum.

Die *Lover*-Ära steht für Pastell im Überfluss und die Secret Session zu diesem Album wird dem Thema entsprechend mit herzförmigem Rice-Krispie-Gebäck in Rosa, Lila und Blau sowie eigens angefertigten M&Ms mit *Lover*-Schriftzug versüßt. Beim Event in Nashville verbringt Taylor ganze 12 Stunden mit den Fans, die teilweise aus Australien und China angereist sind, und geleitet den letzten um 5 Uhr morgens zur Tür. Dank der Sessions sind Taylors Geheimnisse nicht mehr geheim. Details über *Lover* und die Häuser der Sängerin, wie die „Le Labo® Santal 26"-Kerzen, die sie überall verwendet, werden bekannt – und seitdem finden keine Wohnzimmerkonzerte mehr statt.

TUMBLR

Taylor hat immer schon Social Media genutzt, um ihre Fans zu erreichen, angefangen bei der geschickten Nutzung der Plattform MySpace, auf der sie 2006 ihr Debütalbum mit täglichen Blogeinträgen promotet. Vor der Veröffentlichung von *1989* wechselt die Sängerin 2014 zu Tumblr – ein soziales Netzwerk, das beliebt ist, weil es Microblogging und ein Gemeinschaftsgefühl kultiviert.

„Taylor hier. Ich habe mich in meinem Zimmer eingeschlossen und komme erst wieder raus, wenn ich herausgefunden habe, wie man Tumblr nutzt", ist ihr erster Post. „Na ja, vielleicht gehe ich kurz raus, um was zu essen oder so zu holen, aber das ist ALLES. Ich bin KONZENTRIERT. Ich habe viele Fragen, helft mir." Unter den ernst gemeinten Fragen an die Tumblr-Experten unter ihren Fans sind diese: „Ist das, was ich gerade mache, Re-Blogging?" und „Wo finde ich GIFs?"

Taylor braucht nicht lange, um herauszufinden, wie der Hase läuft, und im Nullkommanichts beherrscht sie das Microblogging wie alle anderen ihrer Millennial-Generation. Sie hat eine Schwäche für Selbstironie und mag es vor allem, Fan-Content zu reposten, der sich über sie lustig macht, wie der Wettbewerb

„Choose Your Fighter" (Wähle deinen Kämpfer). Zur Wahl stehen „Drunk Taylor"
und „Banana Taylor" aus einem Video der Sängerin von 2019, in dem sie nach einer
Augenoperation einen Ausraster hat, weil sie nach dem falschen Obst gegriffen hat.

2014 wird ein Schwarzweißfoto der jungen Sängerin zum Meme, als eine
Tumblr-Nutzerin behauptet, dass auf dem Foto ihre Freundin Becky zu sehen sei,
die „bei einer Party Marihuana durch die Nase gezogen hat" und gestorben ist. Die
Fans hinterlassen unzählige Kommentare, um klarzustellen, dass man tatsächlich Taylor sieht, aber der Satire-Account beharrt darauf, dass es sich um Becky
handelt: „no its becky". Diese drei Wörter gehen viral – und Taylors Like lässt nicht
lange auf sich warten: Sie wird in einem gelben T-Shirt mit dem Aufdruck „no its
becky" gesichtet.

Tumblr ist auch ein sicherer Ort für sie. Im Laufe des Jahres zieht sie sich
nach der Veröffentlichung des Albums *1989* aus der Öffentlichkeit zurück. „Wir
haben viel von Taylor gesehen", sagt Caitlin Buckvold, die mit ihrer Zwillings-
schwester Megan einen Fan-Blog führt, der *New York Times* 2017. „Wir stehen täglich
mit ihr im Kontakt." Tatsächlich taucht die Sängerin so oft auf Tumblr auf, dass das
Hashtag #Taylurking („lurking" bedeutet Auflauern) entsteht. Aber sie nutzt ihr
Cyberstalking für gute Zwecke: Es ist nicht unüblich, dass Taylor einem Fan den
Tag versüßt, indem sie Blumen oder eine persönliche Playlist schickt.

Auf Tumblr spricht Taylor auch erstmals über ihren Kampf um ihre Master-
aufnahmen und drückt ihre Gefühle in Langform-Posts aus. Sie bittet 2019 die
Fans um Hilfe, als Scott Borchetta und Scooter Braun versuchen, Taylor davon
abzuhalten, bei den American Music Awards anlässlich ihrer Auszeichnung als
„Künstlerin des Jahrzehnts" ein Medley ihrer Hits aufzuführen. „Bitte lasst Scott
Borchetta und Scooter Braun wissen, wie ihr das findet", bittet Taylor. „Scooter
managt weitere Künstler, denen meiner Meinung nach an anderen Künstlern und
ihrer Arbeit liegt. Bittet sie um Hilfe – ich hoffe, dass es ihnen vielleicht gelingt,
diese Männer zur Vernunft zu bringen, die eine tyrannische Kontrolle über

jemanden ausüben, der einfach nur die Musik spielen möchte, die er geschrieben hat … Ich liebe euch und dachte, ihr solltet wissen, was gerade läuft."

UNABHÄNGIGKEITSTAG (4. JULI)

Taylor Swift ist durch und durch amerikanisch und hat eine Tradition zum Nationalfeiertag am 4. Juli, die es beweist. Seit 2013 organisiert die Sängerin auf ihrem am Wasser gelegenen, 2 Hektar großen Anwesen in Watch Hill in Rhode Island eine Kultparty für ihre Freunde und Familie. Im ersten Jahr lädt sie nur wenige Monate nach dem Kauf des historischen Gebäudes für 17,75 Millionen US-Dollar ihre „Tourneefamilie" von Tänzern und Musikern ein, den Unabhängig-keitstag mit Gesichtsbemalung, Wunderkerzen und Wurfspielen zu begehen.

Im Jahr 2014 wird die Gästeliste exklusiver: ein starbesetztes „Who's Who" aus jedem Bereich der Unterhaltungsbranche – Emma Stone, Andrew Garfield, Jaime King, Lena Dunham, die aus der Serie *Gossip Girl* bekannte Schauspielerin Jessica Szohr, das Model Jessica Stam und Ingrid Michaelson, die Sängerin der Band Girls Chase Boys. Im Jahr darauf läuft ihre Mädchenclique, die Squad, mit den Neueinsteigerinnen Gigi Hadid, Martha Hunt und den Haim-Schwestern vollzählig auf. Sie tummelt sich tagsüber auf einer aufblasbaren Rutsche, um sich abends in einheitlichen Onesies im Design der amerikanischen Flagge einzu-kuscheln. Um Geschlossenheit zu demonstrieren, lädt Taylor auch ihren Ex Joe Jonas ein – der zu diesem Zeitpunkt Gigi datet – sowie ihren aktuellen Freund Calvin Harris. Es ist ein echtes FOMO-Event, das man auf keinen Fall verpassen möchte, und dank der zahlreichen Fotos, die Taylor auf Instagram postet, erhalten Fans und Klatschblogger exklusive Einblicke in die sommerlichen Vergnügungen. (Im Zuge der großen Social-Media-Säuberungsaktion vor der Veröffentlichung von *Reputation* löscht sie alle Fotos.)

Die vierte alljährliche Feier zum Unabhängigkeitstag geht in die Annalen ein. Für die Party, die den Beinamen „Taymerica" bekommt, bestellt der Super-star für die Damen rot-weiß-blaue Badeanzüge von Solid & Striped, darunter ihre berühmten Freundinnen Blake Lively, Karlie Kloss, Cara Delevingne, St. Vincent, Ruby Rose und ihre Kindheitsfreundinnen Abigail Anderson und Britany Maack. Marvel Cinematic Universe ist ebenfalls vertreten: durch Taylors neuen Freund, den aus *Thor* bekannten Schauspieler Tom Hiddleston, und den *Deadpool*-Star Ryan Reynolds, der mit Blake verheiratet ist.

Nach dem absoluten Höhepunkt 2017 scheint Taylors Unabhängigkeits-tags-Tradition zunächst im Sand zu verlaufen. Angesichts der *Reputation*-Stadion-tournee, der *Lover*-Ära und der weltweiten Coronavirus-Pandemie schmeißt sie mehrere Jahre lang keine öffentlichen Partys mehr in Rhode Island. Aber 2023 feiert der Star, der seit Kurzem wieder Single ist, den Unabhängigkeitstag wie 2014 mit Selena Gomez, den Haim-Schwestern, Polaroids, mitgegrölten Liedern, Bikinis und Wassereis am Stiel.

URBAN LEGENDS / MODERNE MÄRCHEN

Bei Stars läuft die Gerüchteküche gern heiß – und es ist seltsam. Über Taylor wird gern geklatscht, vor allem über ihr Liebesleben. Bis zu ihrer Trennung von Joe Alwyn im April 2023 wird weithin spekuliert, dass die beiden verlobt sind – oder vielleicht sogar heimlich verheiratet. Aber das ist bei Weitem nicht die sensations-trächtigste Nachricht über Taylor.

Während ihres selbst verordneten Rückzugs aus der Öffentlichkeit foto-grafieren Paparazzi 2017 zwei ihrer Leibwächter, die einen Hartschalenkoffer aus ihrem Loft im New Yorker Stadtteil Tribeca und in den Kofferraum eines wartenden SUV hieven. Nach Aussage von Augenzeugen fährt eine Kolonne von fünf Fahrzeugen vor dem Gebäude vor und nicht weniger als zwölf Mitglieder ihres Security-Teams sichern die kostbare Fracht während des „vorsichtigen" Trans-ports über die gut 7 Meter von der Eingangstür über den geschäftigen Bürger-steig. Die Theorie: Taylor, die 1,80 m groß ist, verbirgt sich in dem Koffer, um den Kameras aus dem Weg zu gehen.

„Nur bei einem Taylor-Swift-Konzert
fängt die Menge an zu grölen,
wenn ein Reinigungswagen auftaucht."

Eine groteske Vorstellung, die eine Social-Media-Recherche auslöst. Die Ergebnisse befeuern die Spekulationen der Sensationsmedien nur noch mehr. Bei mehreren früheren Anlässen wurde der gleiche Koffer zu allen erdenklichen Tages- und Nachtzeiten in das Gebäude hinein- und aus dem Gebäude hinaus- getragen – nicht gerollt. Einmal trifft der Koffer unmittelbar vor einem Besuch von Taylors guter Freundin Gigi Hadid ein.

Taylor äußert sich natürlich nie zu den lächerlichen Spekulationen, aber 2018 macht es jemand, der ihr nahesteht – und bestätigt: Ja, es stimmt. Zayn Malik, der mit Taylor bei *I Don't Wanna Live Forever* vom Soundtrack zum Film *Fifty Shades of Grey – Gefährliche Liebe* zusammenarbeitet, wird von der *British Vogue* interviewt. Als das Thema auf die Fähigkeit des Superstars kommt, den Paparazzi aus dem Weg zu gehen, sagt er ohne Zogern: „Sie lässt sich in einem Koffer durch die Gegend fahren."

Wir spulen fünf Jahre vor zur *Eras*-Tour, als sich ein ähnliches Gerücht in den sozialen Medien verbreitet. Es heißt, dass Taylor die Stadien in einem Putz- wagen verborgen betritt, bei dem oben Besen und Wischmopps rausschauen. Das Gerücht wird dadurch befeuert, dass der besonders hohe Wagen nicht von einer Reinigungskraft geschoben wird, sondern von Bühnenhelfern. Das Schauspiel ereignet sich jeden Abend zur gleichen Zeit, just wenn *Applause* von Lady Gaga im Stadion ertönt und ankündigt, dass der Vorhang für die *Eras*-Tour jeden Moment hochgeht.

Nur Tage nachdem das Gerücht um die Welt geht, zeigt ein TikTok-Video Taylor in Aktion, wie sie im AT&T Stadium im texanischen Arlington aus besagtem Wagen hüpft und eine Treppe hinaufeilt. Obwohl ihre Tarnung aufgeflogen ist, hält die Sängerin an dem Ritual vor der Show fest. Für die Fans ist es fast wie ein Initiationsritus, einen Blick auf den mit dem eindeutigen Aufdruck „Cleaning Cart" versehenen Putzwagen zu erhaschen, der in die Arena gerollt wird, gefolgt von den Security-Leuten und Taylors Backup-Tänzern. Eine SwiftTok-Nutzerin drückt es so aus: „Nur bei einem Taylor-Swift-Konzert fängt die Menge an zu grölen, wenn ein Reinigungswagen auftaucht."

VAULT TRACKS – UNVERÖFFENTLICHTE SONGS

Taylor ist eine so produktive Songwriterin, dass sie mehr Songs als Plätze auf ihrer Trackliste hat – zumindest bis zu den Neuaufnahmen. Für jedes *Taylor's Version*-Album öffnet sie ihren „Tresor" und beglückt die Fans mit bisher unveröffentlichten Songs. Aber dafür müssen sie zuerst den Code knacken. Vor dem Erscheinen von *Fearless (Taylor's Version)* im April 2021 veröffentlicht die Sängerin einen 30-sekündigen Clip eines goldenen Tresors, der mit glänzenden Schätzen prall gefüllt ist, während durcheinandergeratene Wörter herauspurzeln und auf den Zuschauer zukommen. Taylors Stimme ist genauso verzerrt, wie die Wörter verstümmelt sind. „Die Tresortür wird bald genauso locker sein, wie meine Schrauben eurer Meinung nach sind, nachdem ihr dieses Video geschaut habt", neckt sie. „Niveau: Für Fortgeschrittene. Viel Spaß beim Entschlüsseln!"

Die Profis in den sozialen Medien machen sich sofort ans Werk und haben das Rätsel schnell gelöst. Die Buchstaben ergeben die Titel von sechs Tracks „aus dem Tresor" (*From the Vault*), die das Album abschließen, zwei davon mit Auftritten der

Countrymusik-Superstars Maren Morris (*You All Over Me*) und Keith Urban (*That's When*). Der Song *Mr. Perfectly Fine*, der bis auf Platz 2 der *Billboard* Hot Country Songs Charts kommt, behandelt mutmaßlich ihre Beziehung zu ihrem Ex-Freund Joe Jonas, mit dem sie während der *Fearless*-Ära zusammen war. Das unsichtbare Band? Eine Textzeile, die von jemandem handelt, der „mir in die Augen geschaut" und gelogen hat – was mehr oder weniger dem entspricht, was Taylor in *Forever & Always* über den Sänger der Jonas Brothers sagt.

Einige der Vault-Tracks sind für ihre Superfans nicht neu. Von den acht Vault-Tracks auf *Red (Taylor's Version)* sind zwei Songs, die sie anderen Country-Künstlern überlassen hatte, als sie es nicht auf ihr 2012er-Album geschafft haben: *Babe*, aufgenommen von dem texanischen Duo Sugarland (mit Taylor als Gast-sängerin) und *Better Man*, das der Band Little Big Town aus Alabama 2018 einen Grammy einbringt. Zwei weitere Vault-Tracks werden sogar durch ein Musik-video aufgewertet. Der erste ist *All Too Well* (zehnminütige Version) und technisch betrachtet ein Kurzfilm. Im Film verkörpern Sadie Sink und Dylan O'Brien die beiden Hauptpersonen der Trennungsballade: Taylor Swift und Jake Gyllenhaal. Geschrieben, produziert und unter der Regie der Sängerin, die einen Kurzauf-tritt hat, läuft *All Too Well* in begrenztem Umfang in Großstadt-Kinos in den USA. Beim Video zu *I Bet You Think About Me*, das auf der Hochzeit ihres Ex-Freunds spielt, überlässt sie die Kamera ihrer Freundin Blake Lively. Ihren Ex-Freund spielt Miles Teller, dessen Filmbraut von seiner echten Frau Keleigh Sperry ver-körpert wird.

Bei *Speak Now (Taylor's Version)* müssen sich die Fans gar nicht so sehr anstrengen, um die sechs Vault-Tracks herauszufinden, denn Taylor verrät die Titel, als sie die Gastmitwirkenden bekannt gibt: Hayley Williams von Paramore bei *Castles Crumbling* und Fall Out Boy bei *Electric Touch*. Sie erklärt, dass sie die beiden ausgewählt hat, weil die Künstler waren, „die mich als Texterin zu dem Zeitpunkt am stärksten beeinflusst haben". Unter den Neuaufnahmen sind die

Vault-Tracks, die mit der größten Spannung erwartet werden, die fünf Songs auf *1989 (Taylor's Version)*. Die bis dato unveröffentlichten Songs „sind so cool", weckt Taylor die Neugier der Fans. „Ich kann nicht glauben, dass sie es nicht gleich aufs Album geschafft haben." In der Sammlung – bei der die Fans nicht umhinkönnen festzustellen, dass sie sehr nach *Midnights* klingt – fällt *Slut!* aus offensichtlichen Gründen auf. Das verträumte Liedchen erinnert an die gestrengen Blicke, die Taylor als junge Single-Frau in der Dating-Szene von den Medien ertragen muss, obwohl sie in nur einen Menschen aufrichtig verliebt ist. Als einzige der ersten vier Neuaufnahmen, bei der bei den Vault-Tracks kein Gastkünstler mitwirkt, weist *1989* eine legendäre Kooperation auf: Diane Warren, die außerordentliche Songwriterin, die Hits für Celine Dion, Cher und Aerosmith geschrieben hat. Die gemeinsame Arbeit an der Trennungsballade *Say Don't Go* war ein „Traum" für Taylor – und es ist ein Schlag für Warren, dass es der Song zunächst nicht auf das Album *1989* schafft. „Es hat eine Weile gedauert, bis der Song das Licht der Welt erblickt hat, aber ich bin froh, dass es jetzt so weit ist", sagt sie dem *Rolling Stone*. „Das Warten hat sich gelohnt."

WARTESCHLEIFE

Der 15. November 2022 geht als der Tag in die Taylor-Swift-Annalen ein, an dem sich Millionen von Menschen (erfolglos) bemühen, Tickets für die *Eras*-Tour zu bekommen – weil sie in der Warteschleife von Ticketmaster festhängen. Vor dem Start des Vorverkaufs registrieren sich 3,5 Millionen Menschen als „verifizierte Fans", aber bei Eröffnung des Verkaufs versucht eine Flut von geschätzt 14 Millionen Menschen auf die Webseite des Unternehmens zuzugreifen, die unter dem noch nie dagewesenen Ansturm kollabiert. Das führt dazu, dass die Nutzer „entweder vollständig ausgeloggt wurden oder in einer Warteschleife mit gut 2.000 Leuten landeten, die eingefroren schien". Dennoch werden irgendwie 2,4 Millionen Tickets verkauft, die den Rekord für die höchsten Ticketverkäufe eines Künstlers an einem einzigen Tag brechen. Obwohl Taylor Maßnahmen veranlasst, die sicherstellen sollen, dass die Tourneetickets bei den Fans und nicht bei Schwarzhändlern landen, erscheinen sofort unzählige Ticketangebote auf Sekundärseiten wie StubHub. Deshalb wird der öffentliche Ticketverkauf schließlich eingestellt „wegen der extrem hohen Nachfrage bei den Ticketverkaufsstellen und zu geringen Ticketrestbeständen, um diese Nachfrage zu decken". Es wäre eine Untertreibung zu sagen, dass die Fans, die keine Tickets für die *Eras*-Tour bekommen hatten, am Boden zerstört waren.

Taylor ist über das Fiasko genauso aufgebracht und hält mit Kritik über das Versagen von Ticketmaster nicht hinterm Berg. „Es ist für mich wirklich schwer, einem externen Unternehmen diese Beziehungen und die Treue der Fans anzuvertrauen, und es ist niederschmetternd mitanzusehen, dass Fehler passieren, ohne dass ich eine Handhabe hätte", schreibt sie auf Social Media. „Ich werde dies nicht entschuldigen, denn wir haben mehrfach gefragt, ob sie mit einer Nachfrage in diesem Umfang umgehen können. Und man hat uns versichert, dass das Unternehmen dazu imstande ist. Es ist wirklich erstaunlich, dass 2,4 Millionen Leute Tickets bekommen haben. Aber es macht mich echt wütend, dass viele von ihnen den Eindruck haben, auf dem Weg dahin mehrere Bärenangriffe überlebt zu haben. Und denen, die keine Tickets bekommen haben, kann ich nur sagen, dass ich hoffe, weitere Gelegenheiten bieten zu können, wo wir uns treffen und diese Songs zusammen singen können."

Einige Wochen später reichen 26 Fans eine Sammelklage gegen Ticketmaster und den Mutterkonzern Live Nation wegen Betrugs, Fehldarstellung und Verstoßes gegen das Kartellrecht ein. „Bis endlich Transparenz und Fairness im Ticketverkauf für Live-Unterhaltungsevents herrschen, geht der „Große Krieg" weiter", so Anwältin Jennifer Kinder, die die Kläger vertritt und Taylors Song *The Great War* vom Album *Midnights* zitiert. Im März 2023 haben sich mehr als 300 Kläger angeschlossen und Ticketmaster versucht, bei Gericht die Anordnung einer

Schlichtung zu beantragen, was die Staatsanwaltschaft zwingen würde, die Sache außergerichtlich zu regeln.

WILLIAM BOWERY

Fans wissen nur zu gut, dass sich Taylor gelegentlich gern hinter einem Pseudonym versteckt, insbesondere wenn sie ihre Beteiligung an einem Projekt geheim halten möchte. Als 2020 zweimal ein unbekannter Name – William Bowery – auf *folklore* auftaucht, ist für die Fans klar, dass sich mehr dahinter verbirgt. Wer könnte der mysteriöse Songwriter sein, der bei *exile* und *betty* mitgewirkt hat? Der Name ist ein Easter Egg, der auf Taylors damaligen Freund Joe Alwyn hindeutet: William Bowery ist ein Künstlername, der sich an den Urgroßvater des Schauspielers anlehnt, den Musikkomponisten William Alwyn, und an den New Yorker Stadtteil, wo der Junge aus London viel Zeit verbringt, als er als Kind in die USA einwandert. „Es klingt irgendwie nach einer Figur aus einem Roman von Agatha Christie, die ein Monokel und einen großen Schnauzbart tragen sollte", scherzt Joe 2022 in einem Interview in *The Kelly Clarkson Show*.

Taylor bestätigt die allgemeine Vermutung, als sie 2020 *exile* für ihr Privat-konzert auf Disney+ vorstellt, das als Special unter dem Titel *folklore: the long pond studio sessions* ausgestrahlt wird. „Es gab viele Diskussionen über William Bowery und seine Identität, weil es keine real existierende Person ist", gesteht sie Jack Antonoff und Aaron Dessner, mit denen sie regelmäßig zusammenarbeitet. „Wie wir wissen, verbirgt sich Joe hinter William Bowery." Und Taylor beschreibt dann, wie ihre Arbeitsbeziehung entstanden ist. Während des Lockdowns hört sie eines Tages „verzückt", wie Joe auf dem Klavier klimpert und dabei Textzeilen singt, die später die erste Strophe von *exile* ergeben – ein Duett zwischen Taylor und Bon Iver (echter Name: Justin Vernon). In ähnlicher Weise klingt *betty* wie Musik in ihren Ohren, als sie zufällig hört, wie „Joe den gesamten, voll aus-gebildeten Refrain" des Songs singt. „Ich dachte, das klingt mit einer Männerstimme wirklich gut, aus Sicht eines Mannes, und mir gefiel, dass es sich wie eine Entschuldigung anhört."

Es ist das erste Mal in ihrer zu diesem Zeitpunkt bereits dreijährigen Beziehung, dass sie zusammen wunderschöne Musik machen – aber nicht das letzte Mal. Weniger als fünf Monate nach *folklore* bringt Taylor das Album *evermore* heraus, bei dem William Bowery bei drei Songs als Co-Songwriter genannt ist. Im März darauf wird der Schauspieler zum Grammy-Preisträger, als *folklore* in der Kategorie „Album of the Year" 2020 ausgezeichnet wird.

Die letzte Zusammenarbeit des Paars erscheint 2022 auf *Midnights*: *Sweet Nothing* ist eine Ballade über die Nuancen einer Beziehung zwischen zwei kreativen Menschen, zum Beispiel zufällig zu hören, wie jemand in der Küche summt, oder auf dem Heimweg spontan ein Gedicht zu schreiben. Vier Monate nach der Trennung von Taylor and Joe performt sie *Sweet Nothing* am 24. August zum ersten Mal in Mexico City als einen der Überraschungssongs – sagt aber während ihres Bühnengeplänkels kein Wort dazu. Interessanterweise kombiniert sie den Song im akustischen Set mit einem anderen Track: *I Forgot You Existed*.

XMAS

Einige von Taylors glücklichsten Kindheitserinnerungen stammen aus der Zeit, als sie auf einer Weihnachtsbaumplantage im ländlichen Pennsylvania lebt – einem Ort, der so besonders ist, dass sie im Dezember 2019 einen Song darüber schreibt. „Hier sind wir auf der besagten Weihnachtsbaumplantage", schreibt sie in der Bildunterschrift zu einem Erinnerungsfoto der kleinen Taylor mit Mama Andrea und Papa Scott, die in rote Pullover gekleidet sind (selbst ihr Hund trägt ein farblich passendes rotes Halsband).

Fünf Jahre früher lebt sie ihre Weihnachtsstimmung voll aus und spielt für Dutzende Fans im ganzen Land den Weihnachtsmann. Im November 2014 stellen viele fest, dass die Sängerin auf ihren Social-Media-Seiten „herumlungert", ein klarer Fall von „Taylurking". Der Hinweis? Sie hinterlässt Santa-Emojis in den Kommentaren. Als Nächstes stehen große FedEx-Pakete voller Geschenke vor ihrer Tür, die niemand Geringeres als Taylor gekauft und eingepackt hat. Die Geschenkaktion bekommt schnell den Beinamen „Swiftmas" und verbreitet Freude in den sozialen Netzwerken, wo sich die Videos überraschter Fans verbreiten, die ihre Geschenke öffnen: Kleidung, Schmuck, Stofftiere, Geschenkgutscheine, sogar Taylors liebstes Schokoladenkonfekt (Peppermint Bark). Dem Paket liegt eine handgeschriebene Weihnachtskarte bei, die vielen die Freudentränen in die Augen treibt.

„Niemand in der Musikbranche hat so ein großes Herz wie sie", sagt Rebecca Cox, deren Swiftmas-Paket rund 14 kg wiegt, damals gegenüber *Billboard*. „Man sieht, dass sie alle Geschenke persönlich einpackt. Sie verwendet lächerlich viel Klebeband."

YOUTUBE

Es gibt zahllose Streaming-Plattformen, auf denen man sich seine Dosis Taylor holen kann, aber YouTube bietet eine multimediale Erfahrung. Taylor gehört zu den am häufigsten abonnierten Musikkünstlern mit 56 Millionen Abonnenten, Tendenz steigend. Die über 225 Videos auf ihrem Kanal sind ein Mix aus Musikvideos, Textvideos, Vlogs, Kurzfilmen, Live-Konzerten und Hintergrund-Content – alles sorgfältig nach Ären zu Playlisten zusammengestellt, um sich leicht zurechtzufinden.

Alle von Taylors rund 60 Musikvideos sind auf YouTube verfügbar, wobei *Shake It Off* (2014) und *Blank Space* (2014) mit jeweils 33 Milliarden (!) im Beliebtheitsranking gleichauf liegen. Zum Vergleich: Rang 3 geht mit 1,5 Milliarden Aufrufen an *Bad Blood* (2015). Ihr am seltensten aufgerufenes Musikvideo ist *Christmas Tree Farm*, ein Zusammenschnitt selbstgedrehter Videos aus ihrer Kindheit, mit dem sie ihre Weihnachtssingle von 2019 promotet.

Taylors YouTube-Kanal, der 2008 wenige Monate vor der *Fearless*-Ära entsteht, ist eine Schatztruhe voller klassischer Taylor-Contents. Du möchtest wissen, wie sich ein Besuch beim Kieferorthopäden für Taylor Swift anfühlt? Du kannst zuschauen, wie ihr eine Ersatzzahnschiene angepasst wird, nachdem sie ihre in einem Hotelzimmer vergessen hat. Es gibt auch ein Lehrvideo, das zeigt, wie man die „Love Love Love"-Lederarmbänder richtig anlegt, die sie damals auf ihrer Webseite verkauft.

Stand 2024 zählt Taylors YouTube-Kanal insgesamt 33 Milliarden Aufrufe und gehört damit zu den beliebtesten weltweit und ist die Nummer 1 für Musiccontent in den Vereinigten Staaten.

ZOË KRAVITZ

Taylor arbeitet im Laufe der Jahre mit einigen ihrer musikalisch veranlagten Lebensgefährten zusammen, aber niemals mit einer Freundin – bis zum Album *Midnights* von 2022. Bei *Lavender Haze*, dem Eröffnungstrack des Albums, wird Zoë Kravitz als Co-Songwriterin und Backgroundsängerin genannt, und auf dem Bonustrack *Glitch* der *3am Edition* tritt sie als Sängerin in Erscheinung. Der Schauspielerin liegt das musikalische Talent im Blut: Ihr Vater ist natürlich die Grammy-prämierte Rocklegende Lenny Kravitz; ihre Mutter Lisa Bonet schreibt während ihrer sechsjährigen Ehe mehrere Songs für ihn und ihr Großvater mütterlicherseits war der Opernsänger Allen Bonet.

Zoë erklärt gegenüber *GQ*, dass die Session für *Midnights* zwei Jahre früher zustande kommt, als sie während des Covid-19-Lockdowns in England festsitzt, wo sie *The Batman* unter Regie von Matt Reeves dreht und Taylor sich während des Lockdowns bei Joe Alwyn aufhält. „Sie war meine Stütze", gesteht Zoë. „Sie war ein wichtiger Teil meiner Zeit in London – einfach eine Freundin, die ich treffen konnte und die mir Essen gekocht und an meinem Geburtstag ein Abendessen gemacht hat." In einer E-Mail an *GQ* äußert sich Taylor sehr positiv über ihre

Freundin: „Zoës Selbstverständnis macht sie zu einer so spannenden Künstlerin und unglaublichen Freundin. Sie hat diesen sehr ehrlichen inneren Kompass und dabei kommen ihre Kunst und ihr Leben heraus, ohne dass sie das aufgibt, was sie ausmacht."

Als Nächstes zeigt sie diese Seite von ihr der ganzen Welt. Die Schauspielerin, die bis 2020 Frontfrau des R&B-Elektropop-Duos Lolawolf ist, macht über mehrere Jahre immer mal wieder Aufnahmen für ihr Debütalbum mit Taylors Haus- und Hofproduzent Jack Antonoff. „Es ist persönlich. Es geht um Liebe und Verlust", erzählt Zoë der Zeitschrift *AnOther* 2021. „Ich habe geheiratet. Ich habe mich scheiden lassen. Trennungen und Beziehungen, die zerbrechen, sind traurig, aber auch schön. Es geht um das Bittersüße, den Anfang und das Ende. Dieser Raum ist so komplex, wenn man zwischen Herzschmerz und Trauer ist. Man empfindet den Verlust und gleichzeitig Aufbruchstimmung und Lust auf das, was vor einem liegt."

#13YEARSOFTAYLOR

Als die Ära ihres Debütalbums zu Ende geht, versucht Taylor, in die Zukunft zu blicken und sich ihre weitere Entwicklung als darstellende Künstlerin realistisch vorzustellen. „Ich hoffe einfach nur, dass ich ein zweites Album haben werde, das so gut läuft wie das erste, und ich eines Tages mal als Hauptact auftreten werde und dabei immer der Mensch bleibe, als der ich angefangen habe." Es erübrigt sich zu sagen, dass sie beides erreicht hat – und der Rest ist Geschichte. Als sie 2019 #13YearsOfTaylor (nach ihrer Glückszahl) feiert, dankt sie den Fans dafür, dass sie ihren Traum haben wahr werden lassen. „Wenn ich heute durch eure Posts scrolle, empfinde ich sehr viel", schreibt sie auf Social Media. „Dank euch gibt es ein zweites, ein drittes, viertes, fünftes, sechstes und siebtes Album. Ihr habt mich zum Hauptact gemacht, weil ihr mich auf der Bühne sehen wolltet. Und eure Unterstützung in all diesen Jahren hat mir geholfen, dem Kind treu zu bleiben, dass ich anfangs war."

EASTER EGGS

Der Begriff Easter Egg, der irgendwann einmal ausschließlich eine Festtagstradition beschrieb, bei der Kinder bemalte Eier suchen, wird 1979 neu besetzt, als er in dem Atari-Computerspiel *Adventure* als Bezeichnung für ein Geheimnis verwendet wird. Seitdem steht er auch für eine in der Kunst verborgene Botschaft und hat innerhalb des Marvel Cinematic Universe an Beliebtheit gewonnen. Er bezeichnet Gegenstände oder Texte, die Hinweise auf künftige Handlungsstränge liefern. Als Taylor 2017 ihr Musikvideo zu *Look What You Made Me Do* – mit Dutzenden von Hinweisen auf ihre Karriere – herausbringt, beendet sie definitiv die 400 Jahre alte Assoziation zwischen dem Osterhasen und den „Ostereiern".

DIE SUCHE BEGINNT

Schon Jahre bevor Taylor und Easter Eggs in einem Atemzug genannt werden, beginnt sie damit, verschlüsselte Botschaften in den kommentierenden Begleittexten ihrer frühen Alben zu verstecken, wobei sie bestimmte Buchstaben großschreibt, die zusammen Wörter oder Wendungen ergeben, die sich auf den jeweiligen Track beziehen. Seit ihrem Debüt 2006 warnt sie Fans auf *Picture to Burn*, in dem es um einen Ex-Freund geht, der sie betrügt, dass sie „nur nette Jungs daten sollen" (DATE NICE BOYS). In der *Fearless*-Ära erinnert sie sich in *Love Story* daran, dass sie die Liebe eines Tages finden wird (SOME DAY I'LL FIND THIS). Zwei Jahre später klagt Taylor in *Never Grow Up* auf dem Album *Speak Now* über das Erwachsenwerden und enthüllt in der Geheimbotschaft, dass sie „im Juli ausgezogen" (MOVED OUT IN JULY) und in ihre eigene Eigentumswohnung in Nashville eingezogen ist. Auf *Red* feiert Taylor in *22* ihre engsten Freundinnen, die sie im Song codiert: ASHLEY DIANNA CLAIRE SELENA, alias Ashley Avignone, Dianna Agron, Claire Kislinger und Selena Gomez.

Bei *1989* – dem letzten Album, das geheime Botschaften enthält – wendet Taylor die gleiche Strategie an, um über die Begleittexte eine Geschichte zu erzählen. Der erste Track des Albums, *Welcome to New York*, erzählt dem Leser, dass „wir unsere Geschichte in New York beginnen", und fährt fort mit „einem Mädchen, das alle kennen" und das versucht, ihren Liebeskummer zu überwinden, während ihr Ex immer wieder in ihr Leben kommt und geht. Bis zum Song *Clean* erklärt Taylor: „Sie hat ihn verloren, aber sich selbst gefunden, und das ist irgendwie alles."

EGG-ZELLENTE GEGNER

Taylor tritt 2017 mit dem Video zur ersten Singleauskopplung aus dem Album *Reputation*, *Look What You Made Me Do*, offiziell in ihre „Easter Egg"-Ära ein. Und es beginnt in dem Moment, als sie auf dem Bildschirm erscheint – als Zombie, der aus ihrem eigenen Grab herauskriecht. Aber der Hinweis steckt in ihrer Kleidung: Es ist dasselbe blaue Kleid, das sie in ihrem vorherigen Video *Out of the Woods* trägt, als sie noch die „alte" Taylor ist. Ihr neues Alter Ego macht sich die Schlange zunutze – das Emoji, das die Kommentarfelder auf ihren Social-Media-Seiten flutet, nachdem Kim Kardashian eine Aufzeichnung eines kontroversen Telefongesprächs zwischen Taylor und Kanye an die Medien gibt. Dabei sitzt sie auf einem Thron, über dem sich unzählige Schlangen winden (eine davon gießt ihr eine Tasse Tee ein). Sie legt ihre sorgfältig manikürte Hand auf einem goldenen Schädel ab, in den „ET TU, BRUTE" eingeätzt wurde – die berühmte Zeile aus Shakespeares *Julius Cäsar*, in der dem römischen Diktator klar wird, dass sein Freund Brutus ihn verraten hat. Taylors Verräter ist wahrscheinlich Kanye, der das virale Hashtag #TaylorSwiftIsOverParty in die Welt setzt.

Taylors siebtes Album ist das erste, für das sie keinerlei Promo- und Medienarbeit macht. Stattdessen schickt sie ihren Fans durch Musikvideos Nachrichten, insbesondere in *Look What You Made Me Do*. „Genau genommen ist das gesamte Video ein einziges Easter Egg", gesteht Taylor 2019 in *Entertainment Weekly*.

Während sie das Kapitel der Vergangenheit abschließt, scheint es, dass sie zum Ende des Videos hin auch Hinweise auf die Zukunft gibt. Die 14-jährige Taylor und ihr neues Alter Ego, die sich im Flugzeughangar aufstellen, könnten ein Hinweis auf die (sechs Jahre im Werden begriffene) *Eras*-Tour sein.

SAVE THE DATE – TERMINVORMERKUNG

Unter den Fanartikeln zum Album *Reputation* ist ein Kalender für 2019, in dem ein Tag mit einem Wachssiegel markiert ist: der 13. April. Wie erwartet, beflügelt der kryptische Hinweis die Fantasie der Fans, die in Erwartung einer Ankündigung von da an jeden Schritt von Taylor genauestens beobachten. Aber ein Hinweis entgeht den meisten. Am Silvesterabend hat der Konzertfilm zur *Reputation*-Stadiontour auf Netflix Premiere und sorgt in den sozialen Medien für Furore. Unter den Tausenden von Tweets antwortet der verifizierte Fan-Account @TaylorNation13 auf eine wenig beachtete Nachricht, die das Bühnenkostüm der Sängerin mit den regenbogenfarbenen Pailletten lobt. Es scheint, dass der Tweet vom 1. Januar sein

Kontingent von 280 Zeichen nahezu vollständig mit Regenbogen-Emojis und dem Kommentar „2019 big mood" (Gut drauf für 2019) füllt. Die Fans stellen erst dann eine Verbindung her, als am 13. April auf Taylors Webseite und ihren sozialen Kanälen eine Uhr erscheint und ein 13-tägiger Countdown bis zum 26. April startet – 115 Tage nach dem Tweet vom 1. Januar, der 115 Regenbogen-Emojis enthält. Um Mitternacht stellt sie das Video zu *ME!* erstmals der Öffentlichkeit vor – eine Explosion in Pastell, die das Thema ihrer nächsten Ära einleitet.

NOBODY'S GONNA TEASE YOU LIKE ME! – NIEMAND WIRD EUCH SO ANTEASERN WIE ICH

2019 bringt Taylor eine Single heraus, ohne irgendwelche Informationen zu ihrem nächsten Album zu verraten. Aber die Adleraugen, die jede Sequenz des Videos zu *ME!* unter die Lupe nehmen, erblicken den neonfarbenen Schriftzug im Hintergrund eines Stadtbilds: *Lover.* Tatsächlich ist das gesamte vierminütige Video gespickt mit Easter Eggs, die Hinweise auf ihr siebtes Album liefern. Die Eröffnungsszene verrät den Titel ihrer zweiten Single, wenn auch in französischer Sprache. Als Taylor sich in Tränen aufgelöst mit ihrem Video-Freund (und Duett-Partner) Brendon Urie streitet, giftet er zurück: „Du musst dich beruhigen." An der Wand hinter ihm hängt ein Dutzend Gemälde von „coolen Chicks", Hühnern mit Sonnenbrillen. Das zentrale Porträt zeigt The Chicks, deren Stimmen auf *Soon You'll Get Better* zu hören sind.

„Was Easter Eggs angeht, sind eine Menge davon in diesem Video", gesteht Taylor in einer YouTube-Fragestunde mit Fans nur Stunden vor der Veröffentlichung. Später erscheint sie auf Instagram Live, um noch mehr Hinweise zu geben. „Vielleicht achtet ihr darauf, die Aktenkoffer zu zählen, die in der Kofferszene um meinen Kopf kreisen. Vielleicht achtet ihr darauf, die Wolken in der Lobby/Gewitter-Szene zu zählen." Es sind sieben Aktenkoffer und dreizehn Wolken – was die Fans überzeugt, dass am 13. Juli irgendetwas Großes ansteht. Stattdessen ist es ein Hinweis auf ihr siebtes Album in dreizehn Jahren.

Die Fans schauen *ME!* immer wieder, um alle Easter Eggs einzusammeln, sodass das Video mit 65,2 Millionen den Rekord für die meisten Aufrufe in den ersten 24 Stunden knackt.

SCHWARZ AUF WEISS

Nicht alle Easter Eggs sind in Taylors Musik zu finden. Im Laufe der Jahre lässt sie mehrere Hinweise in Zeitschrifteninterviews fallen. Zwei Monate vor der Veröffentlichung von *ME!* lässt sie in einem Essay für *Elle* durchblicken, wer auf der Single Gastsänger ist, denn sie beschreibt, wie Musik beim Zuhörer eine vergessen geglaubte Erinnerung wachrufen kann. „Wenn ich *I Write Sins Not Tragedies* von Panic! at the Disco höre, bin ich gefühlt wieder 16 Jahre alt und fahre mit meiner besten Freundin Abigail durch die Straßen von Hendersonville in Tennessee und wir singen die Texte lauthals mit", schreibt sie im Februar 2019.

Drei Monate später enthüllt sie das Brendon-Urie-Easter-Egg gegenüber *Entertainment Weekly* – und platziert eine Reihe weiterer Hinweise „schwarz auf weiß" auf dem Zeitschriftencover: Die Buttons auf Taylors Jeansjacke sind allesamt Easter Eggs. Einige beziehen sich auf *Lover*, obwohl ihre Erklärungen zu deren Bedeutung selbst wieder Easter Eggs sind. Zum Drake-Button ergänzt sie, dass er zu ihren Lieblingstexten gehört, vor allem seine Einzeiler. Sie sagt jedoch nicht, dass sie ihn auf *I Forgot That You Existed* namentlich erwähnt. Anstecknadeln von *Game of Thrones*-Charakteren zeigen ihre Vorliebe für die HBO-Serie, aber besonders Arya Stark wird direkt über Track 5 positioniert, der Platzierung von *The Archer*. Und Arya weiß mit Pfeil und Bogen umzugehen. Als Fingerzeig auf *It's Nice to Have a Friend* kann man vielleicht deuten, dass Taylors Jacke auch einen Button mit der Besetzung der Serie *Friends* ziert.

Zwei Monate vor der Ankündigung von *The Tortured Poets Department* macht sie es wieder. Als Taylor vom *TIME Magazine* 2023 zur „Person of the Year" ernannt wird, bezeichnet die Überschrift des Artikels sie im Spaß als „The Poet Laureate of Pop Culture" (Hofdichterin der Popkultur).

A LOT GOING ON AT THE MOMENT – VIEL LOS IM MOMENT

Einen Monat nach Verhängung des ersten Covid-19-Lockdowns 2020 veröffentlicht Taylor einen Post auf Social Media, der vielen aus dem Herzen spricht: ein Selfie mit der Bildunterschrift „Not a lot going on at the moment" (Nix los im Moment) – ein Satz, der auf dem T-Shirt auftaucht, das sie im Video zu *22* trägt. Es stellt sich heraus, dass bei ihr gerade eine Menge los ist – sie nimmt *folklore* auf. Fünf Monate später postet Taylor ein weiteres Foto von sich mit *derselben* Unterschrift, auf dem sie im Lockdown gelangweilt dreinblickt. Darauf folgt auf dem Fuß *evermore* – das Schwesteralbum von *folklore*. Das Album erscheint zwei Tage vor Taylors 31. Geburtstag und das Coverbild ist mutmaßlich eine Hommage: Der Zopf der Sängerin hat 31 Windungen.

FARBCODIERTE EGGS

Im Video zu *Bejeweled* bringt Taylor eine „psychotische Anzahl" von Easter Eggs unter. Sie muss eine PDF-Datei erstellen, um nicht den Überblick zu verlieren. Nach 15 Sekunden ist in einer *Cinderella*-ähnlichen Szene im Hintergrund eine Instrumentalversion von *Enchanted* zu hören, was die Fans sofort zu der Annahme führt, dass *Speak Now* die nächste *Taylor's Version*-Neuaufnahme ist. Sie steigt in einen Aufzug mit 13 Knöpfen – aber es ist kein Fingerzeig auf ihre Glückszahl. Ein genauerer Blick verrät, dass die Stockwerke farbcodiert sind und jedes symbolisch für eine ihre Ären steht. Taylor steigt in der 3. Etage (violett) aus: *Speak Now*. Als Nächstes kommt die 5 (hellblau): *1989*. Zu guter Letzt fährt sie direkt auf die 13. Etage, die auch violett ist, was auf *Speak Now (Taylor's Version)* hindeutet. Und siehe da, es ist die dritte Neuaufnahme und Taylors 13. Album, das im Juli 2023 erscheint – drei Monate später gefolgt von *1989 (Taylor's Version)*.

8/9 = 1989 (TAYLOR'S VERSION)?

Seit Taylor ihre Neuaufnahmen angekündigt hat, erwarten die Fans mit Spannung die Neubearbeitung von *1989*. Nach den Veröffentlichungen von *Fearless*, *Red* und *Speak Now* laufen die sozialen Netzwerke heiß, als der 9. August 2023 näher rückt und über die Möglichkeit spekuliert wird, dass der 09.08. (in der amerikanischen Schreibweise 8/9) – das Datum der letzten Show der *Eras*-Tour auf dem amerikanischen Kontinent – auch die Ära von *1989 (Taylor's Version)* einleiten könnte. Mathematisch veranlagte Fans deuten die Zahlen: Seit der Veröffentlichung von *1989* sind 3.208 Tage vergangen: 3 + 2 + 0 + 8 = 13. Und die 13 ist natürlich Taylors Glückszahl.

Dennoch scheint es weit hergeholt, bis ein Post auf dem offiziellen Social-Media-Account von TaylorNation, der auf die Tour zurückblickt, die Gerüchteküche weiter anheizt. Die Bildunterschrift lautet: „53 Shows, 20 Städte, 10 Ären, 5 Monate und eine Sache ist sicher... "– dass die Addition der Zahlen 89 ergibt. Als wäre dieser Hinweis noch nicht deutlich genug, ergänzt TaylorNation, dass die Erfahrung „eine dauerhafte Erinnerung" hinterlassen habe, eine Textzeile aus *This Love*, ein Song vom Album *1989*.

Am Ende des Konzerts in Los Angeles am 8. August leuchten alle Armbänder der *Eras*-Tour im SoFi Stadium blau – die Farbe, die mit *1989* assoziiert wird. An den Abenden davor sind sie mehrfarbig. Am 9. August lässt Taylor 24 Stunden später ihre zehn Ären Revue passieren – jeweils in einem Bühnenkostüm in einem anderen Blauton. Außerdem feiert ein brandneues *Speak Now*-Ballkleid Debüt, das nicht mehr violett ist, was das Ende der Ära von *Speak Now (Taylor's Version)* symbolisiert, das am 7. Juli erschienen war.

Schließlich lässt Taylor während des akustischen Sets der Show die Katze aus dem Sack. „Es gibt etwas, das ich wirklich schon lächerlich und peinlich lange plane", gesteht sie der Menge. Das Cover von *1989 (Taylor's Version)* wird enthüllt.

SOUND ADVICE – GUTER RAT IST NICHT TEUER

Ganz egal, womit du dich gerade auseinandersetzt – es besteht eine gute Chance, dass Taylor einen Song hat, der dir durch diese Lebenslage hilft. Für manche Fans ist sie wie die beste Freundin, die sie nie getroffen haben. Sie versteht, wie sie sich fühlen – weil sie das Gleiche erlebt hat –, und bietet entweder durch ihre Songtexte oder ihre öffentlichen Statements Trost oder Ermutigung. Sie können immer einen Mutmacher oder den perfekten Song finden, um in ihren Gefühlen zu schwelgen. Kein Wunder, dass Taylor die Stimme einer ganzen Generation ist!

LEBE IN LIEBE ... AUCH WENN SIE UNERWIDERT IST

Auch Taylor Swift erlebt unerwiderte Liebe, als sie von jemandem als „gute Freundin" behandelt wird, von dem sie sich mehr wünscht (*Hey Stephen*), sie heimlich in jemanden verliebt ist, der nicht zu haben ist (*You Belong With Me*) oder leider den richtigen Menschen zum falschen Zeitpunkt trifft (*Enchanted*). „Aber nur weil der oder die andere deine Gefühle nicht erwidert, sind deine nicht wertlos", schreibt sie einem Fan, der sich während der *1989*-Ära über Instagram Rat suchend an sie wendet. Unerwiderte Liebe ist „genauso niederschmetternd wie aufregend".

LIEBESKUMMER ÜBERWINDEN

So viel Taylor auch über Liebe und Verlust schreibt, hat sie doch auch mehrere Songs, die davon handeln, die Suche nach dem oder der Richtigen nicht aufzugeben. Ausgehend von den Titeln ist *Begin Again* der wohl offensichtlichste Song. Er beschreibt die Verletzlichkeit bei der ersten Verabredung nach einer schlimmen Trennung. „Selbst nachdem eine Beziehung in eine Million Teile zerbrochen ist und du kniehoch in den Scherben dessen stehst, was einmal war, und dir denkst: ‚Warum musste ich diesen Menschen treffen, warum musste das passieren?'", sinniert sie in der *Marie Claire UK*. „Aber dann schaut dir jemand von der anderen Seite des Raums in die Augen und es macht klick. Und bam, da ist es wieder. Du bist wieder verliebt."

HATER WEDEN IMMER HASSEN

Vier Jahre nach *Mean*, das sie in einer „halb geschlagenen" Stimmung schreibt, findet Taylor die Kraft, alles abzuschütteln und *Shake It Off* als erste Single vom Album *1989* herauszubringen. Sie hofft, dass die Fans es ihr gleichtun. „Ich wollte mir denken: ‚Okay, es nervt euch, dass ich bin, wie ich bin. Ihr werdet über mich reden, weil ich einfach nur ich selbst bin. Ihr werdet euch Dinge über mich ausdenken, weil ich einfach nur ich bin. Dann werde ich jetzt einfach mehr ich selbst sein'", erklärt sie in der britischen Talkshow *Chatty Man*.

ZEIT, LOSZULASSEN

Die letzte Trauerphase nach einer Trennung ist die Akzeptanz, und Taylor offenbart ihren Heilungsprozess in mehreren Songs, angefangen bei *Cold as You* auf ihrem Debütalbum. In dem Maße, wie sie reifer wird, ändert sich auch ihr Umgang mit Liebeskummer. In dem Song *Clean* auf *1989* behandelt sie eine Trennung wie die Überwindung einer Sucht, während sie im Eröffnungstrack von *Lover* einfach sagt: *Forgot That You Existed*. Taylor erhält 2022 die Ehrendoktorwürde der New York University und teilt in ihrer Antrittsrede einige ihrer Weisheiten mit dem Abschlussjahrgang. „Ein Teil des Erwachsenwerdens und des Übergangs in neue Lebensabschnitte besteht darin, zu verstehen und loszulassen. Damit meine ich, dass man weiß, was man festhält und wovon man sich trennt. Man kann nicht alles im Leben mitschleppen, jeden Groll, alle Updates zu deinem Ex, alle beneidenswerten Beförderungen, die das Schulekel bei dem Hedge-Fonds bekommt, den sein Onkel gegründet hat. Entscheidet, was euch wirklich wichtig ist und woran ihr festhalten wollt, und lasst den Rest los. Oft sind die guten Dinge im Leben ohnehin leichter und so schafft ihr mehr Platz für die leichten Dinge. Eine toxische Beziehung kann oft mehr wiegen als viele wunderbare, einfache Freuden. Ihr entscheidet darüber, wem oder was ihr im Leben Zeit und Raum gebt. Seid kritisch."

SAG, DASS ES DIR LEID TUT

Niemand ist perfekt – aber die Frage, wie wir mit unseren Fehlern umgehen, macht den Unterschied. Taylor ist so enttäuscht darüber, wie sie sich 2009 von Taylor Lautner getrennt hat, dass sie das musikalische „mea culpa" *Back to December* schreibt, in dem sie sich vorstellt, was sie anders machen würde, wenn sie könnte. Lautner nimmt ihre Entschuldigung an und die beiden sind bis heute gute Freunde. Taylor holt den Schauspieler 2023 für ihr Video zu *I Can See You*.

VERGISS NICHT, WER DICH LIEBT

Taylors größte Fans sind seit jeher ihre Eltern, und sie finden liebevolle
Erwähnung in ihrer Musik, wie zum Beispiel im Song *The Best Day*, der erzählt, wie
sie nach einem schlimmen Schultag den schönsten Tag mit ihrer Mutter Andrea
verbringt. In ihrer Antrittsrede an der New York University erinnert Taylor 2022
den Abschlussjahrgang an die Opfer, die andere gebracht haben, damit sie ihre
Träume verwirklichen können. „Niemand von uns hier hat es allein geschafft. Wir
sind alle ein Flickenteppich von Menschen, die uns lieben, die an unsere Zukunft
geglaubt haben, die uns Mitgefühl und Güte gezeigt oder uns die Wahrheit gesagt
haben, auch wenn sie unerträglich war. Es sind diejenigen, die uns gesagt haben,
dass wir es schaffen werden, auch wenn es nicht danach aussah. Jemand hat euch
Geschichten vorgelesen und einen moralischen Kompass mitgegeben, der euch
im Leben sagt, was falsch und richtig ist. Jemand hat sein Bestes gegeben, um dem
Kind, das ihr wart, jedes Konzept in dieser unfassbar komplexen Welt zu erklären,
um seine unzähligen Fragen zu beantworten. Und vielleicht hat derjenige es nicht
perfekt gemacht. Aber das kann auch niemand."

SEI GUT ZU DIR SELBST

So erfolgreich Taylor ist, hat sie natürlich auch von Selbstzweifeln geplagte
Momente. In *The Man* fragt sie sich, ob Dinge, die sie gesagt oder getan hat, die
öffentliche Meinung nur deshalb beeinflusst haben, weil sie eine Frau ist. Da sie
sich selbst manchmal der ärgste Feind ist, taucht *Anti-Hero* in ihre Unsicherheiten
ein. Einige Jahre zuvor gibt Taylor einem Fan, der an geringem Selbstwertgefühl
leidet, einen weisen Rat: „Selbstzweifel können so sein, als würdest du in einen
Kaninchenbau kriechen. Es ist schwer zu sagen, ob am Ende eine neue Erkennt-
nis kommt oder du dich allein und niedergeschlagen fühlst", antwortet sie auf
den Instagram-Post des Fans. „Du muss selbst beurteilen, wann du mit dir selbst
nachsichtig bist."

LASS DICH NICHT VON DEINER ANGST BESTIMMEN

Taylors Essay „30 Things I Learned Before Turning 30" (30 Dinge, die ich vor meinem 30. Lebensjahr gelernt habe) in der *Elle*, Ausgabe Nr. 7/2019, handelt von ihrer größten Angst: nach den Tragödien in Manchester und Las Vegas die Sicherheit der Fans bei ihren Konzerten zu gewährleisten. „Ich versuche, mir jeden Tag all das Gute in der Welt in Erinnerung zu rufen, all die Liebe, die ich sehe, und meinen Glauben an die Menschheit. Wir müssen mutig leben, um uns wirklich lebendig zu fühlen, und das bedeutet auch, dass wir uns nicht von unseren größten Ängsten beherrschen lassen." (Und sie nennt ein ganzes Album *Fearless*.)

FREUNDE KOMMEN UND GEHEN

In ihrem Essay für *Elle* stellt Taylor 2019 fest, wie wichtig es ist, „den Unterschied zwischen lebenslangen Freundschaften und aus der Situation geborenen Beziehungen" zu kennen. „Irgendetwas an dem Gefühl ‚Wir sind Anfang zwanzig!' katapultiert Leute gemeinsam in Gruppen, die sich wie die Wahlfamilie anfühlen können. Und vielleicht bleiben sie das für den Rest deines Lebens. Oder vielleicht sind sie in einer Phase deine Weggefährten, aber nicht für immer. Es ist traurig, aber wenn man sich weiterentwickelt, wächst man manchmal auch aus Beziehungen heraus. Vielleicht lässt man dabei auf dem Weg Freundschaften hinter sich, aber die Erinnerung daran bleibt dir immer erhalten."

FEHLER SIND UNVERMEIDBAR

In ihrer Dankesrede für die Verleihung des Icon Award bei den Teen Choice Awards 2019 gibt sie allen einen Rat, die zu Hause zuschauen und mit ihrer eigenen Unzulänglichkeit kämpfen. „Ich denke, ich hätte als Teenagerin gern gewusst, dass Fehler unvermeidbar sind. Wenn ihr jetzt da draußen sitzt und wegen einer Sache, die passiert ist, wirklich hart zu euch selbst seid … Es ist normal. Wir holen uns alle ein paar Schrammen. Seid bitte gut zu euch selbst und steht für euch ein."

THEMATISCHE SONGS

Bei über 200 Songs in ihrem Repertoire ist es nur logisch, dass sich in den Bildern und Symbolen, die Taylor in ihren Songtexten verwendet, Parallelen finden, einschließlich einiger Fingerzeige und Erinnerungen an andere Songs. Ob es die Namen von einigen ihrer Lieblingsorte, verkopfte Metaphern für Liebeskummer oder Herzschmerz oder spezifische Details sind, die ihr dabei helfen, eine universelle Geschichte zu erzählen – auf einem Album von Taylor Swift gibt es jede Menge, was man unter die Lupe nehmen kann. Nimm die Einladung an und entdecke erhabene neue Anfänge, Erinnerungsgärten und märchenhafte Happy Ends.

KÖNIGLICHE BEHANDLUNG

In Taylors frühen Songs liefern Märchen beliebte Symbole. Im Laufe der Ären entwickelt sich ihre kindliche Fantasie weiter und behandelt Themen wie *King of My Heart* (König meines Herzens), *Heartbreak Prince* (Herzschmerz-Prinz) und zerfallende Schlösser, sich auflösende Königreiche, gestohlene Kronen und natürlich die als *Karma* bekannte Königin.

Fearless war das erste Kapitel in Taylors mythischem Medley, zwischen *White Horse* und *Love Story* – der Liebesgeschichte, die mit einem renaissancehaften Musikvideo zum Leben erwacht – und dem Song *Today Was a Fairytale* vom Soundtrack für *Valentine's Day*, der romantischen Komödie von 2010, in der Taylor ihr Schauspieldebüt gibt. In einem Interview mit CMT erklärt sie, warum das bezaubernde, für Gute-Nacht-Geschichten bestimmte Thema auf ihrem zweiten Album immer wieder auftaucht: „Ich bin von den Unterschieden und Vergleichen zwischen der realen Welt und Märchen total fasziniert, weil wir als kleine Mädchen denken, wir sind Prinzessinnen und der Traumprinz wird uns verzaubern. Und dann reiten wir auf einem weißen Pferd in den Sonnenuntergang … Es gibt verschiedene Beispiele von Märchen und manchmal glaube ich daran und manchmal nicht."

Eine Geschichte, die sie besonders anspricht, ist nicht wirklich ein Märchen, aber nichtsdestotrotz eine fiktive Liebesgeschichte: Romeo und Julia. In William Shakespeares Theaterstück beschließen die Liebenden aus zwei verfeindeten Familien, ihr Leben lieber zu beenden, als getrennt voneinander zu sein. Aber in Taylors Version, die sie in *Love Story* erzählt, leben sie glücklich bis ans Ende aller Tage, wenn sie nicht gestorben sind. Bei der Überleitung in den Song kniet Romeo vor Julia, zieht einen Ring hervor und bittet sie, ihn zu heiraten (Spoileralarm: Sie sagt Ja!). „Sie liebten einander trotz aller Widrigkeiten", sinniert Taylor auf CMT über die Charaktere ihrer Hitsingle von 2008. „Ich habe einfach meine Lieblingscharaktere genommen und ihnen das Ende beschert, das sie verdienen."

DREHTÜR

Eine Tür steht je nach Stellung symbolisch für Übergang oder Wandel. Taylor beschreibt Türen, die offen stehen und einladend sind (*How You Get the Girl*) oder verschlossen sind (*The Other Side of the Door*). Durch eine Tür hindurchzugehen (*Fifteen, All Too Well*), deutet auf einen Neuanfang hin, während es von fehlendem Engagement zeugt, schon halb durch die Tür hinaus zu sein (*Forever & Always*). Sie achtet auch sehr darauf, die Position der Tür zu nennen: Vordertür (*If This Was a Movie*), Hintertür (*Speak Now, You Belong With Me*) und Seiteneingang (*Exile*). Eine so einfache Geste, wie das Aufhalten einer Tür, verändert in *Everything Has Changed* ihre gesamte Wahrnehmung eines anderen Menschen.

KÜSSE, REGEN – UND KÜSSE IM REGEN

Rund zwei Dutzend Songs, die auf Taylors früher Obsession mit der Idealisierung von Liebesbeziehungen beruhen, beschreiben dramatische Kussszenen: das „perfekte" erste Mal (*Fearless*), das letzte Mal (*Last Kiss*), wenn das Licht ausgeht (*Dancing With Our Hands Tied*) und unter den Blicken der Freunde (*Question …?*).

Während sie in *Hey Stephen* für jemanden schwärmt, der ihre Zuneigung nicht erwidert, stellt sie sich Küsse im Regen vor – eine Kreuzung ihrer beiden beliebtesten Sprachbilder. Mindestens 27 Songs beschreiben einen verregneten Himmel, sowohl während eines Sturms (*Sparks Fly, Cornelia Street*) als auch danach, wenn die Bürgersteige zu trocknen anfangen (*You All Over Me*). Ein Streit mit dem Geliebten im strömenden Regen (*The Way I Loved You, ME!*) zeigt eindrücklich die Leidenschaft in der Beziehung.

„Schreien und sich streiten, sich im Regen küssen", sinniert Taylor auf CMT in der *Fearless*-Ära. „Ja, ich bin vom Thema Liebe und Küssen und Trennungen und Mädchen und Jungs fasziniert. Deshalb liebe ich es, Songs darüber zu schreiben. Es ist witzig, wie man eine Sache wie das Küssen erwähnen und es in jedem Song anders einsetzen kann."

KLEIDER MACHEN LEUTE

Mini oder Maxi – für jede Geschichte in Taylors Songbook gibt es auch den passenden Style. Der klassischste von allen, das kleine Schwarze, bekommt auf den ersten beiden Alben (*Tim McGraw*, *The Other Side of the Door*) seinen Auftritt. *Fearless* führt natürlich ihr schönstes Kleid ein und der Held in *Wildest Dreams* erinnert sich daran, dass sie in einem schönen Kleid vor ihm stand. Bildlich gesprochen ist ein Ex wie ein Kleid mit einem Weinfleck, was sie in *Clean* nicht mehr tragen kann, während sie sich in *Miss Americana & the Heartbreak Prince* das Abschlussballkleid zerreißt, als sie an einem Rosenstrauch hängen bleibt. In *Dress* singt sie ganz unverblümt, dass sie das Kleid nur gekauft hat, damit ihr Freund es ihr ausziehen kann. Taylor gesteht, dass sie sich schön anzieht, um Zeit totzuschlagen (*Death By A Thousand Cuts*) – und aus Rache (*Vigilante Shit*).

WER ZÄHLT MIT?

Es ist kein Geheimnis, dass die 13 Taylors Glückszahl ist. Obwohl die Zahl für manche Menschen Pech bedeutet, ist es für die Sängerin jedes Mal „eine gute Sache", wenn die 13 auftaucht, sagt sie einmal auf MTV News. „Ich wurde am 13. geboren. Ich habe an einem Freitag, den 13. meinen 13. Geburtstag gefeiert. Mein erstes Album erreichte in 13 Wochen Goldstatus. Mein erster Nummer-eins-Hit hat ein 13-sekündiges Intro. Jedes Mal, wenn ich einen Preis gewonnen habe, saß ich auf Platz 13, in Reihe 13, Abschnitt 13 oder Reihe M, was der 13. Buchstabe des Alphabets ist." Interessanterweise verwendet sie die Zahl nur einmal in einem Text, als sie in *The Best Day* erzählt, wie ihre Freundinnen gemein zu ihr sind, als sie 13 ist.

„Wenn sich diese Zahlensymbolik nicht von allein ergibt, erzwinge ich sie", gesteht sie 2020 bei *Jimmy Kimmel Live* wenige Tage nach ihrem 21. Geburtstag. Der Beweis: Die kurz nacheinander herausgebrachten Alben *folklore* und *evermore* enthalten 16 bzw. 15 Tracks. „Was bekommt man, wenn man das addiert? 31. Für mich ist das eine 13, rückwärts gelesen."

WIE EIN REGENBOGEN

Farben sind für Taylors Musik so wichtig, dass jedes Album mit einem bestimmten Farbton assoziiert wird. Obwohl sie die Bedeutung nie offenbart (mit Ausnahme von *Red* natürlich), spielt sie auf jeden Fall kräftig mit. Sie startet die *Eras*-Tour mit einer interessanten Maniküre: Jeder Fingernagel ist in einer anderen Farbe lackiert, passend zum jeweiligen Album. Auf ihrer offiziellen Webseite findet sich in der *Eras*-Tour-Kollektion auch ein *Bejeweled*-Armband mit zwölf farbigen Schmucksteinen – einem für jedes Album zum damaligen Zeitpunkt (vom Debüt bis *Midnights* plus die Neuaufnahmen von *Red* und *Fearless*). Konkret setzt Taylor auf Farben, um ihre strahlenden Songtexte noch lebendiger zu machen, und nutzt dabei das gesamte Farbspektrum von Rot bis Violett einschließlich aller Zwischentöne.

ROT: Die Farbe hat sich so tief in Taylors Gedächtnis eingebrannt, dass sie ihr viertes Album danach benennt. Sie verwendet die Farbe Rot, um die Haare ihrer besten Freundin Abigail (*Fifteen*), gerötete Wangen (*Gold Rush*) und sogar die Ampel zu beschreiben, die ihr Freund in *All Too Well* übersieht, weil er sie anstarrt. Die verschiedenen Rottöne verleihen einigen Songs Tiefe: kirschrote Lippen, scharlachroter Buchstabe, ein Shirt mit burgunderfarbenem Rotweinfleck und natürlich *Maroon*. Rosa, eine Rotschattierung, ist die Farbe von *Lover* und des Sonnenuntergangs, den Taylor auf Track 17 dieses Albums, *It's Nice to Have a Friend*, mit einem Kumpel anschaut.

ORANGE/GELB: Vermischt man die beiden, ist das Ergebnis bernsteinfarben – der Farbton des Himmels, den ihre Großmutter in *marjorie*, einem Track auf *evermore*, am liebsten mag. Das Album *evermore* wird allerdings am ehesten mit verbranntem Orange in Verbindung gebracht. Gelb hingegen trägt zum goldenen Farbton von *Fearless* bei.

GRÜN: Grün steht für ihre Debüt-Ära (vor allem ein Mint-Ton) und entspricht der Farbe des Grases im Centennial Park, wo Taylor als Teenagerin in *Invisible String* gern liest, während ihr künftiger Freund Joe Alwyn Tausende Meilen entfernt in London bei seinem Teilzeitjob in einem Joghurtladen ein blaugrünes Shirt trägt. In *Sparks Fly*, *Everything Has Changed* und *Wonderland* verliebt sie sich Hals über Kopf in grüne Augen.

BLAU: Von allen Regenbogenfarben taucht Blau am häufigsten in Taylors Songs auf – über 30 Mal. Sinnbildlich gesprochen, ist sie traurig (*Cruel Summer*), was im Englischen mit der Farbe Blau ausgedrückt wird („to feel blue") und singt den „Blues" (*Starlight*). Sie versinkt in indigoblauen Augen (*I Think He Knows*) und weint Saphirtränen (*Bejeweled*). Zwei Blautöne harmonieren mit zwei Alben: Türkis mit *1989* und Marineblau mit *Midnights*.

VIOLETT: Taylor verliert sich in *Lavender Haze* im „lavendelfarbenen Nebel des Verliebtseins" und schwebt auf rosa-violetten Wolken (*Invisible String*), während ihre Knöchel violett sind, nachdem sie den Kampf in *The Great War* überlebt hat. Die *Speak Now*-Ära ist Jahre früher durch den Farbton Pflaume definiert.

SCHWARZ-WEISS: Obwohl es nicht immer die spannendsten Farben sind, fehlt es Taylors Songs nicht an Schwarz-, Weiß- und Grautönen. Zumeist beschreiben sie Kleidung – das kleine Schwarze (*The Other Side of the Door*) oder einen weißen Schleier (*Speak Now*) –, aber es gibt auch die „white lie" [weiße Lüge = Notlüge] (*Getaway Car*) und die „white-collar crimes" [Weiße-Kragen-Kriminalität = Wirtschaftsverbrechen] (*Vigilante Shit*). Die Farbe der *Reputation*-Ära ist Schwarz, während die Schwarzweißbilder von *folklore* zu Grau werden. Für Taylor scheint das Album *The Tortured Poets Department* 2024 wie ein unbeschriebenes Blatt mit einer weißen Farbpalette zu sein.

TAYLORSKOP

Taylor wurde am 13. Dezember 1989 im Tierkreiszeichen des Schützen geboren — ein Feuerzeichen, das so kühn liebt, wie es lebt. Ihrem Geburtshoroskop zufolge ist sie – mit ihrem Mond im kreativen Krebs, mit Mars im leidenschaftlichen Skorpion und mehreren anderen Planeten im ehrgeizigen Steinbock – die geborene Entertainerin. Finde heraus, wie dein Sternzeichen dich dafür prädestiniert, ihr größter Fan zu sein.

WIDDER *21. März – 20. April*

Einfach gesagt: Du bist furchtlos. Der Widder stellt sich begeistert und ohne Zögern jeder Herausforderung (und schlägt dabei manchmal über die Stränge). Das gilt insbesondere in der Liebe: Du kannst impulsiv sein und dich kopfüber in eine neue Beziehung stürzen – und dabei alle Warnsignale missachten. Vielleicht liegt es daran, dass der Widder ein Feuerzeichen ist – das gleiche Element, das auch den Schützen bestimmt, Taylors Sternzeichen. Der Widder ist das erste Tierkreiszeichen und belegt damit eine Position, die Menschen, die unter seinem Mond geboren sind, ermutigt, selbstbewusste Führungspersönlichkeiten zu sein, die wettbewerbsorientiert denken.

WÄRST DU EIN SONG, DANN WÄRE ES: THE MAN

STIER *21. April – 20. Mai*

Wenn man etwas zu erledigen hat, das gut werden soll, weiß jeder, dass man am besten einen Stier damit betraut. Du bist zuverlässig und verantwortungsvoll und machst es einfach, ganz egal, wie lange es dauert. Und wenn du etwas geschafft hast, gönnst du dir gern etwas Luxus, vorzugsweise die Designerschuhe, auf die du schon seit Monaten ein Auge geworfen hast. Das erklärt vielleicht, warum die Sprache der Liebe beim Stier darin besteht, beschenkt zu werden – obwohl du auch gern körperliche Berührungen annimmst.

WÄRST DU EIN SONG, DANN WÄRE ES: DRESS

ZWILLINGE *21. Mai – 21. Juni*

Zwei Persönlichkeiten zum Preis von einer! Das Sternzeichen Zwillinge wird durch Zwillingsbrüder dargestellt, was die tiefgehende Dualität der von Merkur regierten Menschen widerspiegelt. In einem Moment bist du der Mittelpunkt der Party und kannst im nächsten todernst sein. Du kannst aber in jeder Lage effektiv und genau kommunizieren, was du fühlst. Du wirst so viele Frösche küssen, wie nötig sind, um deinen Prinzen oder deine Prinzessin zu finden.

WÄRST DU EIN SONG, DANN WÄRE ES: SPEAK NOW

KREBS *22. Juni – 22. Juli*

Die Heimat ist da, wo das Herz zu Hause ist – und wo du am liebsten den Großteil deiner Zeit verbringst, umgeben von deinen Liebsten, die dir sehr wichtig
sind. Wie Taylor hast du eine enge Bindung zu deiner Mutter oder vielleicht einer
anderen Frau in deinem Leben, zu der du als Vorbild aufschaust. Du bist sensibel
und emotional und manchmal fühlt es sich an, als könntest du deinen Platz in
dieser Welt nicht finden. Aber Songs wie *Shake It Off* können jeder Situation ein
wenig Optimismus und Leichtigkeit verleihen.

WÄRST DU EIN SONG, DANN WÄRE ES: LOVER

LÖWE *23. Juli – 23. August*

Du hast eine starke Persönlichkeit (und lebst sie voll und ganz aus). Der Löwe
ist der König (oder die Königin) der Steppe und so genießt du es, mit Freunden,
Familie und Arbeitskollegen Hof zu halten. Glücklicherweise kannst du alle
mühelos mit deinem besonderen Humor und dem Stehvermögen, ein Konzert mit
44 Songs durchzuhalten, bei Laune halten. Als Feuerzeichen (wie Taylors Schütze)
bist du warmherzig – aber ein Löwe sieht rot, wenn er nicht im Mittelpunkt steht.

WÄRST DU EIN SONG, DANN WÄRE ES: ME!

JUNGFRAU *24. August – 23. September*

Die Jungfrau ist durch und durch ein Erdzeichen und genießt alles, was mit der
Natur, Tieren oder gesunder Ernährung zu tun hat. Vergiss dabei aber nicht, dass
auch zwischenmenschliche Beziehungen wichtig sind. Jedes Mal, wenn deine
Stimmung einen Aufheller vertragen könnte, dürfte *Bejeweled* genau das Richtige
sein. Du bist entweder ein Bücherwurm oder könntest selbst ein Buch schreiben.
Der Erzählstil und die Handlungsbögen von *folklore* erklären vielleicht, warum du
in Taylors langer Diskografie ausgerechnet zu diesem Album neigst.

WÄRST DU EIN SONG, DANN WÄRE ES: SEVEN

WAAGE *24. September – 23. Oktober*

Als fairstes und ausgeglichenstes Sternzeichen strebt die Waage nach Gerechtig-
keit und Gleichheit. Du schärfst deinen Geist mit einem guten Buch oder einer
anregenden Konversation, die dich zum Nachdenken bringt, und nährst deine
Seele mit dem Besuch eines Kunstmuseums oder einem langen Wochenende in
einer Hütte im Wald. Dir ist es wichtig, „den einen oder die eine" zu finden, aber
das Gleiche gilt für den Erhalt der Harmonie in einer Beziehung. Wenn die Welt
sich nicht gerecht anfühlt, spiel einfach *peace*.

WÄRST DU EIN SONG, DANN WÄRE ES: KARMA

SKORPION *24. Oktober – 22. November*

Als leidenschaftlichstes der Wasserzeichen hat der Skorpion etwas Rätselhaftes
an sich. Es besteht aber kein Zweifel daran, was du willst: eine möglichst tiefe
emotionale und physische Verbindung zu deinen Lieben. Du bist ehrlich, loyal und
gefühlstief und jede Beziehung mit dir verspricht, für immer zu sein, selbst wenn
ihre Flamme am Ende erlöscht.

WÄRST DU EIN SONG, DANN WÄRE ES: IT'S NICE TO HAVE A FRIEND

SCHÜTZE *23. November – 21. Dezember*

Taylors Sternzeichen, der Schütze, ist ein Träumer und Macher. Du wurdest mit
einer natürlichen Neugier und philosophischen Einstellung geboren, und es
ist nicht auszuschließen, dass du auf der Suche nach dem Sinn des Lebens die
ganze Welt bereist. In deinem näheren Umfeld gehst du vielleicht wandern oder
du erkundest einen öffentlichen Park. In der Liebe suchst du jemanden, der
abenteuerlustig und offen ist. Deine Beziehungen scheinen jedoch so schnell und
leicht beendet, wie sie beginnen. Halt die Messlatte hoch und bewahre dir deine
Offenheit.

WÄRST DU EIN SONG, DANN WÄRE ES: THE ARCHER

STEINBOCK *22. Dezember – 20. Januar*

Du bist ehrgeizig und wirst von der Energie tausend brennender Sonnen (oder vielleicht nur vom Planeten Saturn) angetrieben, daher schätzt du Taylors Produktivität als Songwriterin. Wie sie strebst du nach einer guten Work-Life-Balance und versuchst, dir so viel Zeit für deine Lieben zu nehmen, wie es der volle Terminkalender zulässt. Wenn du dir ein Ziel setzt, lässt du dich durch nichts beirren – ob es darum geht, Tickets für die *Eras*-Tour zu ergattern, oder auf dich aufmerksam zu machen. Vermutlich fällt es dir nicht leicht, zu vergessen oder zu vergeben.

WÄRST DU EIN SONG, DANN WÄRE ES: VIGILANTE SHIT

WASSERMANN *21. Januar – 19. Februar*

Als einzigartigste Persönlichkeit des Tierkreises – aufgrund des unberechenbaren Planeten Uranus, der das Sternzeichen regiert – ist der Wassermann ein Unikat. Mit deiner progressiven Einstellung kämpfst du für alles, was du für richtig hältst, sei es der Protest gegen den Klimawandel (schließlich bist du ein Luftzeichen) oder die Verwandlung eines Fremden in einen „Swiftie". Du bist eine Intelligenzbestie und in der Liebe ist dir Köpfchen wichtiger als Aussehen. Der Weg zu deinem Herzen führt über deinen Geist, mit einem intellektuellen Gespräch, das du endlos fortsetzen könntest.

WÄRST DU EIN SONG, DANN WÄRE ES: CHANGE

FISCHE *20. Februar – 20. März*

Du bist hoffnungslos romantisch und liebst die Künste, vor allem die Musik, und bist deshalb natürlich ein großer Fan von Taylor Swift. Wenn du dich verliebst, dann mit Haut und Haaren. Gibt es kein Happy End wie im Märchen, kann das sehr niederschmetternd sein. Das könnte daran liegen, dass Fische sehr viel Empathie haben. Eine kleine Flucht aus der Realität gefällig? Die „seltsame Gelassenheit" von *evermore* bewirkt Wunder.

WÄRST DU EIN SONG, DANN WÄRE ES: LOVE STORY

DANK

Taylor Swift Is Life ist eine echte Herzenssache und das Ergebnis von 16 Jahren „Arbeit", in denen ich Easter Eggs decodiert, Songtexte analysiert, in Warteschlangen an Vorverkaufsstellen gestanden und so lange Zahlen hin und her gerechnet habe, bis sie 13 ergaben– ohne es jemals leid zu werden.

Ich danke allen, die mir über die Jahre zugehört haben, wenn ich mich über Taylor Swift ausgelassen habe – vor allem, wenn dies gegen ihren Willen geschehen sein sollte.

Vielen Dank an meine Super-„Swifties": Marc, Carrie und Cristina.

Ich danke meinen Eltern für ihre bedingungslose Liebe und Unterstützung, für immer & ewig.

DIE AUTORIN

Kathleen Perricone ist Biografin und hat Werke über Marilyn Monroe, John F. Kennedy, Anne Frank, Barack Obama, Taylor Swift, Beyoncé und einige Dutzend andere Persönlichkeiten veröffentlicht. In den letzten beiden Jahrzehnten hat sie außerdem als Promi-Nachrichtenredakteurin in New York City und für Yahoo!, Ryan Seacrest Productions und eine Reality-TV-Familie, die namenlos bleiben soll, gearbeitet. Sie lebt in Los Angeles.

Für die deutschsprachige Ausgabe:
© 2024 Naumann & Göbel Verlagsgesellschaft mbH
Emil-Hoffmann-Straße 1
D-50996 Köln
www.naumann-goebel.de

Titel der Originalausgabe: *Taylor Swift is life: a superfan's guide to all things we love about Taylor Swift*

Übersetzung aus dem Englischen: Stefanie Becker, Köln
Projektleitung: Ute Giesen

Originally published in 2024 by Epic Ink, an imprint of The Quarto Group.
© 2024 Quarto Publishing Group USA Inc.

Text: © 2024 Kathleen Perricone
Cover und Layout: Beth Middleworth
Illustrationen: Adrian Valencia

Printed in Bosnia and Herzegovina

MIX
Papier | Fördert
gute Waldnutzung
FSC® C118234